死囚的最後時刻

DEATH ROW

The Final Minutes

My life as an execution witness in
America's most infamous prison

我在美國最惡名昭彰的監獄
擔任死刑見證人的那段日子

Michelle Lyons

蜜雪兒・萊昂斯——著
実瑠茜——譯

目次

讓我們來談談死刑

黃致豪　執業律師、司法心理學研究者

有時，我不禁要感謝台灣近乎全然密行的死刑執行制度—至少這樣的制度讓我可以無需憂慮何時必須直面當事人的執行，只要在被告知執行時，無力的躲在辦公桌後狂飲或痛哭（或兼而有之），就可以了。

作為一介寧可隱姓埋名的死刑與重案辯護律師，不，這次我並不想談論廢除死刑的問題。相反的，我想談談死刑的存在這件事。

更直接了當的說，我想談談「承認並面對」死刑的存在這件事。

在台灣，死刑是刑法第33條明定的五種主刑之一。換句話說，死刑這種刑罰的形式上合法性，其實無庸置疑。因此，有關廢除死刑這件事的思考，在台灣多半僅止於倡議與辯論層次。既然說是「倡議與辯論」，那麼它在思維活動以及公共政策思辯等層面，也就是相對單純的紙（或口）上談兵：列舉優缺點，找出相關數據，成本效益分析，本國與外國刑事政策分析……等。總之，正反雙方動動嘴皮，談談情感，試圖說服對方（或指控對方愚昧）；彷佛一場論辯過後，世界就會得到救贖，人性就能重歸樸真。無怪乎，大家總愛透過支持或反對死刑，來建構自我的正義感或道德觀。

事情似乎總是那麼簡單，那麼直觀，直到，除非，你真的近距離面對過死刑。如果你近距離面對過死刑，你就可能了解死刑之重，死刑之難以承受。而我指的近距離，必須是真正、第一手的近距離——不是那些端坐在法檯上、廟堂裡、辦公室內，好整以暇、夸夸而論為何被告該死或不該死的法律人或立法者，而是那些必須在日常工作當中實際面對死刑與死刑犯的人，那些死刑辯護律師，以及監所矯正與執行人員。

那些有機會看到死刑犯仍然具備屬於人的一面的人。

當你有機會看到這一面時，哪怕我們根本不去討論死刑存廢，你恐怕也很難不去針對現行的死刑執行制度，提出許多疑問。雖說死刑在台灣「形式上」合法性無庸置疑，但是實質上的合法性呢？制度上也都良好無缺嗎？似乎又未必如此。

相較於本書作者蜜雪兒・萊昂斯（Michelle Lyons）本其見聞所揭露的美國死刑

狀況與內情，台灣本土的死刑執行方式以及死刑犯的處遇，顯然也有不少值得深入思考之處。舉幾個例子：

- 判處死刑定讞之後，依照法務部「審核死刑案件執行實施要點」（不是法律，是一種行政規則，也就是僅供行政機關自己參考的規範）核決執行的小組，是怎麼運作的？有哪些人員參與？有哪些決定的具體標準？真的有經過實質討論嗎？這些討論不能讓外界知道嗎？理由為何？
- 死刑執行的對象（這一次誰該死），是如何選出來的？樂透嗎？順序嗎？還是依照法務部長（或行政院長？或總統？）的心情？
- 精神障礙與心智缺陷的人，有被排除在死刑執行之外（刑事訴訟法第465條）嗎？誰來判斷有沒有精神障礙呢？
- 死刑犯的案件是否有祕密證人不可靠，律師辯護不力，檢警偵訊不當，或者鑑識證據有問題的狀況？誰來決定有無問題？
- 為什麼死刑執行，沒有確定的日期？
- 為什麼死刑執行不能通知家屬、被害者家屬與辯護人，讓他們有機會見最後一面？
- 死刑犯不定期限被關押在死囚牢中，日日面對「今天會不會就是執行日」的恐懼（監獄行刑法第91條），會不會造成另一種特殊的折磨？這種折磨，是法律設計的原意嗎？

• 死刑犯或其家屬在不知道何時執行的狀況下，該如何依照赦免法（全文僅八條，完全沒提到該如何提出赦免請求）向總統提出赦免的請求呢？

• 死刑犯在監的處遇，跟一般收容人有什麼不一樣之處？這樣的差別，是合法的嗎？

以上的種種問題，我或許有自己的想法，但是從台灣的法律與制度當中，我始終得不到答案。透過本書作者的見聞，我卻再次確認了死刑的艱難。

要國家動手殺人很簡單——只要人民一直對政府不滿，或許很快國家就會動手轉移大家的注意力了。但作為一種政策制度，死刑極度艱難——尤其是，如果你真的有機會直接面對，也願意深入思索此一議題的話。

如果你暫時沒有太多心思或動力去細細思索這個問題，就試著讓本書作者帶著你看看這些死刑犯吧——看看他們如何生，如何死，看看一個近距離的死刑相關工作者心念的艱難。雖然遠在千里之外，作者萊昂斯針對這些在美國德州的死刑犯的描述，以及對死刑制度的觀察，以及自己所面對的思想困境，栩栩如生。

然後，我們或許可以坐下來聊聊死刑是不是正義，或者，怎麼樣的死刑算是一種正義——如果真的有人知道何謂單純的正義的話。

推薦序

看見死刑的樣貌

楊貴智　律師、法律白話文運動站長

曾經有人提出一道有趣的思想實驗：一位永遠看不見紅色的色盲，透過自己的努力學習了大量與紅色的知識，例如紅色是人類可見光譜中長波末端的顏色，波長大約為六百三十到七百五十奈米等，那這個人到底能不能宣稱自己真正認識紅色？死刑議題也有類似困境，太多人辯論死刑存廢，卻鮮有人真正看過死刑，因此我們到底能不能宣稱自己真正認識死刑？

在台灣，除了檢察官以及法警外，其他人沒有機會目睹死刑執行的過程，即使是媒體也只能大批守候在監獄外，用麥克風捕捉奪取人犯生命的「槍響」來填飽社會大眾對於「正義」的欲求。相反地，不知道這算是幸運還是不幸，這本書的作者蜜雪兒・萊昂斯（Michelle Lyons）得以記者身分親身目睹三百起死刑執行，甚至在死刑犯漫長等待「用盡救濟程序」的日子裡，能有機會親身接近死刑犯並與她們互動，因此有別於其他從理論出發的文獻書籍，這些經歷讓本書帶我們看見死刑真實樣貌，因此特別與眾不同。

我高中的時候參加辯論社，「我國刑法是否應廢除死刑？」可說是這一段青春最好的註腳，從我入社開始一路到參加全國性辯論盃這道經典辯題反覆成為賽題。對於一個小辯士來說，閱讀刑法以及犯罪學教科書，學習威嚇、應報、再教育以及兩害相權取其輕等等學說，從抽象的理論建構精緻的辯詞是贏得比賽的巧門，但總讓我有雙腳踏不著地面的空虛感。

等到了自己進入了法律系、法研所的時候，民眾對司法體系的不滿及憤怒已經像是即將爆炸的壓力鍋，「恐龍法官」等近乎人身攻擊的詞彙在輿論市場竄升，本應最受社會敬重的法官、檢察官及律師（好吧，或許律師不能算，因為律師一直都被當成「魔鬼代言人」），死刑廢除的爭議也浮上檯面，有趣的是不信任司法體系的人民並沒有想要取消司法體系藉由死刑殺人的權力，相反地，二〇一四年廢死聯盟委託中研院所做的調查，六十九％的人對台灣司法判決的公平性沒有信心，超過一半（五十四％）的人對於死刑的判決不抱信心，卻有七十七％的受訪者表示雖然知道有死刑誤判的狀況存在，但他們仍然支持死刑。

然而我們卻從沒能真正認識死刑。我在參加律師訓練的時候，藉由參訪臺北看守所的機會一睹刑場的樣貌，半露天的舍房內放了孫逸仙的照片（所謂的國父遺像）、國旗以及幾張桌子，讓指揮執行的檢察官得以代表國家及人民鎮坐現場目睹一切發生，據獄方的說法，現在已經不讓死刑犯站著受刑，改由死刑犯趴在被單上，由法警持槍近距離朝受刑人背後靠近心臟處射擊，避免血液噴的到處都是而讓亡靈怨氣無法散去。

死刑作為刑罰手段，表示這個國家認為殺人是項合理的處罰措施。人犯錯應該要受罰，藉此為自己犯下的罪行付出代價，進而還受難的被害者及其家屬一個公道。因此每當有人犯伏法，大批媒體莫不搶先以獨家快訊將「死訊」昭告天下，激動而難掩興奮的鄉民留言暗示了死刑這項「實現正義的儀式」在台灣不僅仍被視為不可或缺，更貌似是台灣社會制度神聖而不可分割的一部分。

但是處罰的目的是什麼？是為了還被害者公道？安撫被害者及家屬？還是彰顯法律無邊威力來恫嚇人民不可犯法？有些人會說，死刑不能真正解決問題，因為不符合修復式司法的理念，但我們無法假設每個被害人都希望自己與加害者間的關係獲得修復，也有為數不少的人群認為，現在的死刑太過溫和，應該設法讓這些罪人感受到更多的痛楚。但我們應該直接面對更加尖銳的問題：某些人確實惡性重大，徒死恐不足以彌補其罪行，但奪取生命作為處罰的意義，究竟代表著什麼？

而除了滿足若干情緒以及平撫恐懼外，死刑似乎也無法做的更多了。對我來說，奪取生命的死刑，無疑是以人為方式刪除死刑犯的所有可能性，例如畢業的學生正要邁入職場展開新旅程，退休的勞工也能在晚年生活為自己的人生寫下另一篇精彩的篇章，相較於被監禁在舍房內的犯人仍能從事極度有限的事業，死刑則讓人犯的生命畫下句點，這個社會也不再與他有任何羈絆，然而留下的瓜葛卻不會因此不見，被害者的傷痛、還沒被翻轉的社會結構，甚至有一群沉默而長年被遺忘的死刑被害人：死刑犯家屬，這些人、這些事，在槍聲響起後，是否還會有人在意？

對於台灣社會來說，談論死刑或許過於早熟，因為我們都還沒能認識死刑的樣貌，就要思考死刑的意義，因此不論你支持死刑或反對死刑，都建議透過這本書一窺死刑的真實樣貌（即使抱持著偷窺刑場的八卦心態），必定將會讓我們對死刑有更多不同的看法。

獻給我的母親、父親和弟弟，是你們造就現在的我。

獻給我的女兒，是妳讓我明白，我可以成為夢想中的自己。

作者的話

雖然本書主要講述我在德州刑事司法部工作時發生的事（一開始我是記者，後來則是發言人），如果沒有我的摯友與前同事賴瑞・費茲傑羅（Larry Fitzgerald），它就無法完成。他的思想貫穿了整本書。同樣地，我必須感謝艾德・漢考克斯（Ed Hancox），他為 BBC（英國廣播公司）拍攝了一部以賴瑞為主題的紀錄片——《目睹了兩百一十九次死刑的男人》（*The Man Who Witnessed 219 Executions*）。這部紀錄片使本書得以萌芽。他也主動跟我分享他們珍貴的訪談內容。我和賴瑞總共見證了近五百次死刑，其中有很多次，我們是一起目睹的。他是我的導師，也是一個很棒的人。他將永遠是德州監獄體系的代表人物。這是賴瑞的故事，同時也是我的故事。

蜜雪兒・萊昂斯　二〇一八年五月

序章

一滴眼淚

我不記得他的名字、罪行，或是他在德州的哪個郡落網，但他的輪廓卻深深地烙印在我的腦海裡，彷彿他昨天才剛被處決一樣。他是一個邁入中年的黑人，有著長長的下巴，看起來有些自傲。但最讓我印象深刻的是，他一無所有——沒有家人，沒有朋友，沒有可以安慰他的人。也許他不希望他們來，也許他們並不在意，也許他根本就沒有家人或朋友。沒有人見證他的死。至少我是這麼記得的。

也許他們感到恐懼，也許他們無法負擔這趟旅程的費用，也許因為犯罪年代太久遠，執法當局無法找到任何和他有關聯的人。不管原因是什麼，當時只有一名典獄官、兩名記者（包含我在內）透過玻璃看著這個男人；他被牢牢地綁在輪床上，兩隻手臂都插著針頭，雙眼死盯著天花板瞧。

這個男人並沒有往旁邊看。為什麼他要這麼做？觀刑室裡沒有任何一個他認識的人。但他應該有注意到，典獄長站在他的頭部附近，牧師的手則是放在他的膝蓋下方。當典獄長走上前去，問他是否有遺言要交代時，他只是搖了搖頭，沒有說任何話。接著，他開始眨起眼來。這時我發現，他的右眼眼角有一滴眼淚。他拚命想把這滴眼淚眨掉，不想讓我們看見。它在那裡打轉了一會兒，然後從他的臉頰滑落。這景象深深地撼動了我，實在無法用言語形容。

典獄長打了個暗號，化學藥劑開始流進他的體內。他咳了幾下，喉嚨發出嗶啵聲，接著吐出最後一口氣。一位醫生走進行刑室，宣告這個男人已經死亡，並且在他的頭上蓋上白布。

因為我還可以看見他的臉，我大可翻閱我手邊的檔案，弄清楚他是誰。但我不想記住他的名字、罪行，或者這件事是在哪裡發生的。這一切都不重要。我記得他被處決的過程，這樣就夠了。在我有生之年，我再也不會看到像他這麼孤單且被人遺忘的人了。

過去當我看著男男女女在德州的行刑室裡死去（一開始是以記者的身分，後來則是作為監獄體系的一員），我不允許自己進一步省思。當我翻閱我早年的行刑筆記時，發現某些事困擾著我。然而，當時我因為年輕、無所畏懼，以為凡事只有黑白兩面。只要有任何疑慮，我都把它們埋藏在內心深處的某個角落。如果我開始探索，目睹死刑讓我有什麼樣的感覺，或是開始想太多，我要怎麼再踏進那個房間，月復一月、年復一年？

若是我哭了，我該怎麼辦？若是有人察覺我臉上的恐懼，又該怎麼辦？我不能讓這種事發生。

我故作麻木，這麼做保護了我，使我能夠繼續下去。然而，我總是迅速地將心中的疑慮塞進那個角落，對它們置之不理，於是最後越塞越滿。

直到我離開監獄體系，在十一年內目睹了至少兩百八十次死刑之後，我才開始仔細思考自己目睹過的一切。我會突然看見裝盛在咖啡色大型塑膠容器裡的水果酒，這是獄方為了牢房裡的死刑犯準備的。或者我會在打開一包洋芋片時聞到行刑室的氣味，或是在收聽電台時，想起我和死刑犯在他被處決前幾小時的對話。我的腦海中會浮現出他們的身影——在輪床上含著一滴眼淚的男人，或是殺童兇手瑞奇・麥金恩（Ricky McGinn）的母親。

儘管麥金恩太太衰老虛弱，只能靠輪椅行動，她還是盛裝打扮——小碎花洋裝配上珍珠項鍊，前來見證兒子的死。當麥金恩要交代遺言時，她掙扎著從輪椅上站起來，用她佈滿皺紋的雙手按壓著觀刑室的玻璃，因為她想確保他在踏上黃泉路之前能夠看到她。

當我還是個小女孩時，晚上經常躲在被窩裡哭泣，因為我意識到所有我深愛的人終將死去。直到現在，我依然可以看見我臥房的淡綠色牆壁，並且聽見樓下電視的聲音。我會打開收音機，希望音樂聲可以消除我對死亡的這些念頭。我會從房門口望向走廊上昏暗的燈光，眼淚順著臉頰滑落下來。但我從來沒有想過要下樓，把我心中的恐懼告訴我的父母親。這一直是我心裡的祕密。當我們死去之後，我們全都會在天堂裡團聚。這樣想會讓我好過一點。如果死亡並非失去，為什麼要害怕親人先行離開呢？我們都會再相聚，只是時間問題而已。

隨著年齡漸長，我對死亡的恐懼演變成害怕被人遺忘。我責怪高中時的初戀情人。當我跟隨家人從德州搬到伊利諾州時，我們分手了。然後在幾個星期之內，他就和別人交往了。我感到傷心欲絕。很顯然，我沒有自己想的那麼重要。我不明白，怎麼會有人如此愛我，卻又迅速地將我遺忘。雖然聽起來很傻，但這件事困擾了我很多年。每當一段關係結束時，我都會想：「我是否對他們有影響力？他們會記得我嗎？」這也就是為什麼，我希望在我死後，骨灰可以撒在某個美麗的地方。一塊小石頭擺在乏人問津的地方，沒有什麼比這更悲傷的了。孤獨且被人遺忘，就如同這個男人，我不記得他的名字，也不記得他犯了什麼罪。

第1章

慢慢地睡去

「即使在我面前把一個人撕成碎片，也不像用這台精巧雅緻的機器瞬間殺死一位身強體壯的人，那樣令人反感。」

——列夫・托爾斯泰（Leo Tolstoy）對法蘭斯・里舍（Francis icheux）伏法時的描述，1857.4.6

「這是我第一次目睹死刑，我完全沒事。非常多人問我是否真的沒事。我確實如此。事實上，我感覺很糟：『我應該要覺得難過嗎？他們是不是因為我沒有這種感受，所以覺得我很邪惡？』」

——節錄自蜜雪兒的筆記中，對哈維爾・克魯茲（Javier Cruz）伏法時的描述，1998.10.1

曾經有一名死刑犯告訴我，我為死囚室帶來了陽光。他不是唯一這麼說的人。你知道有多少人跟我說過，我散發出光亮嗎？在最近一趟到倫敦的旅程中，一位同事告訴我，她很喜歡與我共事，因為我有「滿腔熱忱」。很多人都跟我說過類似的話——我天真爛漫、朝氣蓬勃；我總是看起來很快樂。這當中有一部分是對的。我確實會因為雪花冰、紙扇子、起司薯條、發光玩具、有著新奇圖案或造型的杯子，以及任何表面覆蓋亮粉或水鑽的東西感到興奮不已。我對圖版遊戲[1]（broad game）異常好勝，從來不讓孩子們贏。我喜歡尋寶遊戲、推理遊戲和密室逃脫。我讓大家認為我就是如此，因為我討厭令任何人失望，無論人生或我遇見的人如何令我感到失望。

我會和朋友們圍坐在桌子前，喝著雞尾酒，然後說些有趣的笑話或故事來娛樂他們。大家都預期我會這麼做。我到處開玩笑，談論嚴肅的話題會讓我覺得很不自在。尤其是那些帶給我痛苦的事，我經常以此自我解嘲。然而在私底下，我哭得比他們任何人以為的都多。在我的內心有個陰暗的角落，它有時會將我吞噬，並且使

1 桌遊的一種，原本專指將圖文符號畫在一塊硬板上作為記錄工具的遊戲，目前則泛指使用棋子、骰子、籌碼、卡片、小板塊、資料欄等各種配件的遊戲。

我想要與世隔絕。想著我在觀刑室裡看到和聽到的一切，這就是我現在的感受。我的眼淚無法停止滑落。

在加爾維斯敦（Galveston）出生是一件了不起的事。在德州，我總是會被問：「噢，你是島民（BOI）嗎」，意思是「你是在島上出生的嗎」。我的車子上甚至還貼了一張「島民貼紙」。我的弟弟不在島上出生，正因為如此，我老愛跟他說，他比我低一等。

加爾維斯敦是一個非常棒的地方，這裡在很多方面都很輕鬆悠閒。我曾經利用暑假在一家販售廉價紀念品的商店打工，我也有朋友在當救生員或在漢堡店工作。我們家在海堤大道（Seawall Boulevard）上有間公寓，在那裡可以看到沙灘。我們在德州丘陵地帶（Texas Hill Country）還有間狩獵小屋，那是我的父親、叔叔、伯伯和祖父從頭開始建造的。那裡沒有電，只有一個燒柴火的暖爐和巨大的雨水收集桶。此處十分偏僻、路面崎嶇難行，不僅有蠍子、蛇，還有各種奇特的小蟲子。我們唯一的娛樂是打開擺在時鐘附近的大收音機，聆聽年代久遠的鄉村歌曲。到了夜晚，我蜷縮在被窩裡，聽著大人們玩牌說笑的聲音，伴隨柔和的背景音樂，感到安心而滿足。

我的父親在加爾維斯敦開始他的記者生涯，也因此遇見我的母親。當年他是一名風度翩翩的年輕記者，專跑警政新聞，我的母親則是在加爾維斯敦警察局裡工作的書記員，年輕性感。我還記得我父親在《加爾維斯敦郡日報》（*Galveston County Daily News*）工作時，每當他下班回家和我擁抱，我都會聞到報紙油墨溫暖的氣味。直到現在，這仍舊是我最喜歡的一種味道。

在我十六歲時，我們搬到了伊利諾州，我的父親在那裡找到《本頓晚報》（*The Benton Evening News*）發行人的工作。本頓是一個很小的城鎮，人口只有不到一萬人。然而，有件事使它聲名狼藉——在我們搬到那裡不久前，達丁家族（the Dardeen family）的四名成員在鎮上慘遭殺害。達丁家父親的遺體在田裡被找到，他的生殖器被割下來塞進嘴裡；達丁家的母親和兒子則陳屍在他們的旅行拖車內，他們都被活活打死。

更糟的是，在被毆打的過程中，達丁家的母親產下一個嬰兒，他也被狠狠打死。離奇的是，其中一位主要嫌疑犯，一個名叫湯米・塞爾斯（Tommy Sells）的傢伙（執法當局認定他總共殺了二十個人），多年後被關進德州的死囚室裡，而我最後在訪談室裡和他面對面交談。

搬到本頓，意味著跟男朋友分手，也告別我的初戀。不過，我很快就找到新的生活重心——當時《本頓晚報》需要一名暗房技術員，這變成了我的工作，即便我還是個高中生。我每天早上六點去上班，攝影師會把底片交給我，然後我再把它們沖洗出來。我的手被化學藥劑弄髒，我還毀了我大部分的衣服，但我做得很開心。我成了一位年僅十七歲的攝影師，負責報導車禍和火災的消息。我對拍攝這類照片沒有任何不滿，唯獨有一次，車禍受害人裡有我的同學；我覺得很難過，並且拒絕靠近。我的父親說：「你必須到那裡去！」最後，我崩潰地說：「我辦不到！我認識她！」我把相機塞到他的胸前，接著一走了之。之後他要我牢記，身為一名記者，有時難免會看到令我感到不舒服的場景，但為了將消息傳達給社會大眾，我無論如何都得這麼做。況且，報社老闆也付錢要我這麼做。我漸漸意識到他是對的。這件事教會我，當你在工作時，你必須竭盡所能地做到最好，即使它意味著你得拍下友人身受重傷的照片。

雖然我的父母親希望我從事新聞業，那時我是個叛逆的青少年，決定在德州農工大學（Texas A&M University）修習商業課程。我不知道自己想從事哪種產業，但我在心中想像自己穿著漂亮的套裝、賺進大把的鈔票。然而，在上了幾堂商用數學之後，我發現自己完全不在行。因此，我選修了一門新聞學的課，結果我很喜歡。於是我改念新聞系。一位很棒的教授，艾德・沃雷文（Ed Walraven）安排我在一家地方報社——《布萊恩大學城鷹報》（*Bryan-College Station Eagle*）工作。我已經無法走回頭路了。

我以為我會幫餐廳撰寫評論，結果寫的卻是訃聞。當地的殯儀館會給我一些表格，我再依此撰寫這些死者的生平。它們有些很有趣，但大部分都很無聊。我當了一陣子警政記者，那段期間，我報導了兩則重要新聞。其中一則是聖誕節時，犯人從某間郡立監獄逃脫，另一則是在一個名叫戴姆巴克斯（Dime Box）的小鎮發生一起油田爆炸事件。爆炸發生時，其中一名工作人員倚靠在升降平台的欄杆上，當場被炸死。

由於火勢太過猛烈，他們無法搬動他的遺體。因此，我看著它燒了一整天，直到它變成一具焦屍。這令我感到很不舒服，但還是有人得報導這件事。儘管我是個年輕的大學生，我同時也是一位警政記者。我想做好這份工作，所以我從來不讓這些事對我造成影響。

回首過去，我最後會從事和死亡有關的工作，似乎是一個必然的結果。我總是有可怕的一面，以及某種古靈精怪的幽默。我一直對犯罪案件深感興趣，而德州正好是孕育瘋狂犯罪的溫床。我也喜歡懸疑小說或電影，以及猜謎、解謎等，任何需要解開謎底的事物。這也許就是我對錯綜複雜、聰明絕頂的人感興趣的原因。是什麼促使他們這麼做？他們為什麼會有某種思考模式？而在監獄裡的人，思維模式全都非比尋常。

在《芝加哥太陽報》（*Chicago Sun-Times*）和堪薩斯萊文沃斯（Leavenworth）的一家報社工作一段時間後，我的父親到《亨茨維爾簡報》（*Huntsville Item*）擔任發行人。這家報社位於休士頓（Houston）北方七十英哩，距離大學城（College Station）四十五分鐘路程（當時我還在這裡讀書）。一九九八年，我在一個就業博覽會上遇到《亨茨維爾簡報》的編輯，得知他們報社有個職缺。我去應徵這份工作，並且錄取了。不過，我的父親並不知情。

有一天，編輯主任到他的辦公室裡，跟他說：「嘿，告訴你一個好消息。那個報導新聞的缺已經補滿了。」我的父親回答：「太好了！他是誰？」然後，編輯主任告訴他，那個人就是我。後來我的父親跟我說，他對這件事有點疑慮，因為別人可能會覺得我被偏袒，不然就是他必須對我更嚴厲才行。結果，他選擇了後者。

我第一次負責的區域是市政府，事情又多又雜，像是報導地區醫院相關新聞，以及撰寫專題報導。因為這是一家只有三名記者的小報社，一天撰寫三至五篇報導對我而言，也是很稀鬆平常的事。突然間，我成了「小池塘裡的大魚」[2]，我很喜歡這種感覺。有一天，一位負責報導德州刑事司法部（Texas Department of Criminal Justice，簡稱 TDCJ）相關新聞的女性無法見證某次死刑執行，於是他們要求我頂替她的工作——不僅僅是被害人家屬和死刑犯家屬受邀到觀刑室裡目睹死刑，裡面同時也有容納五名記者的地方（他們總是空出一個位子給《亨茨維爾簡報》）。我父親把我叫到他的辦公室，問我說：「你應付得來嗎？」我回答：「是的，我可以。對我來說，這不會是問題。」

我頂替的那位女性跟我大致解釋，當天晚上會發生什麼事——我必須走到高牆監獄[3]（Walls Unit）對面的辦公大樓，和一位名叫賴瑞・費茲傑羅的男子見面（他是德州刑事司法部新聞室〔Public Information Office〕的主任）。他會帶我到他的辦公室，在我們接到通知之前，都會在這裡打發時間。然後，有人會陪我走到行刑室內的觀刑室，那時死刑犯已經躺在輪床上，手臂上插著靜脈注射導管。他會在交代遺言後慢慢地睡去，接著我會回到辦公室撰寫報導。她這樣向我說明，一切都如

2 「小池塘裡的大魚」這句俗諺，意指在一個小地方或特定社群、團隊中，你是一個非常重要、非常有影響力的大人物。

3 德州亨茨維爾監獄（Texas State Penitentiary at Huntsville），專門關押死刑犯，由於它的外觀由磚牆組成，又通稱高牆監獄。亨茨維爾監獄建立於一八四九年，是德州歷史最悠久的監獄。此處是德州的刑場所在地，也是美國目前死刑執行最頻繁的監獄。根據二〇一八年五月的統計，自一九八二年起，該監獄已經處決了五百五十一名死刑犯。

實發生。

一九九一年，哈維爾·克魯茲在聖安東尼奧殺死兩名年長男性。因此，我走進觀刑室，心想：「嗯，這個人用鐵鎚打死兩個老人，他卻只會慢慢地睡去嗎？這我應付得了……」這確實一點也不困擾我，以致於我對克魯茲的處決過程印象不深。當我回到辦公室後，我的父親問我：「你還好嗎？」我說：「我很好。我要把這篇報導寫出來。」不到一個小時，我就寫好了。當時，我二十二歲。

”

他看著他的家人，不斷地說著「我沒事」，沒有交代遺言的打算。四十一歲的哈維爾·克魯茲在週四晚上被處死——他是德州今年處決的第十五個人。

——節錄自蜜雪兒對哈維爾·克魯茲的報導，《亨茨維爾簡報》一九九八年十月二日

第2章

這只是一份工作

「死刑判決不公平、獨斷專橫，而且充滿種族歧視與司法偏見。」

——廢死運動人士碧安卡・傑格（Bianca Jagger）

「他不停地跟我說：『我已經殺了三個人，接下來我也要把妳殺了』……」

——麗莎・布萊克本（Lisa Blackburn），蓋瑞・葛拉罕（Gary Graham）的最後一位被害人二〇〇一年，凱特・溫斯蕾（Kate Winslet）在亨茨維爾拍完《鐵幕疑雲》（*The Life of David Gale*）之後，她在訪談裡把這個城市稱作「一間巨大的監獄」，還說這裡「到處都瀰漫著死亡的氣息」。這非常虛假。說得更直接一點，根本就是一派胡言。我極度懷疑，她在亨茨維爾花了多少時間。我不記得有看過她在沃特漢堡（Whataburger）排隊，而導演肯定也沒做過什麼研究。

我們只見過凱特一次，那時她正在拍攝電影的最後一幕。在這一幕裡，她從死囚室跑到高牆監獄（實際上，這段距離大約有三十英哩），跪倒在地，然後開始大聲哭喊，要獄方停止處決死刑犯。當時我站在那裡，不可置信地搖了搖頭。有一次，凱特因為被太多人圍觀而生氣，大家都必須離開現場。我想，我們妨礙到她表演了。

我把這樣的批評視為她的個人意見，因為我覺得這座城市很棒。根據最新統計，亨茨維爾的人口有三萬八千五百四十八人；它位於休士頓和達拉斯（Dallas）之間，這是它最吸引人的地方之一。但亨茨維爾本身就是個美麗的城市，它坐落在連綿起伏的山丘之間，此處蓊鬱的林木構成了德州東部的松林區（Piney Woods）。亨茨維爾有著如畫的風景，如果你不知道這裡有七間監獄，而且被歐洲媒體稱作「世界死刑之都」，你可以在這裡稍作停留，度過愉快的一天，並且對這一切渾然不覺。

亨茨維爾沒有沉重的負能量，它是一座典型的美國城市，聖誕節時以彩色燈串妝點市中心廣場；愛國節日[1]（patriotic holiday）期間，街道兩旁插滿了美國國旗，而且到處都有教堂。當我搬到亨茨維爾時，我原本打算在這裡待上六個月，再搬到大城市去。然而，六個月變成了一年，一年變成了五年，五年變成了十年……到現在已經二十年了。我覺得很滿足。

高牆監獄的正式名稱是亨茨維爾監獄，它在一八四九年啟用，是德州最古老的州立監獄。一九二四年之前，絞刑在德州是處決犯人時的首選，德州各郡都會負責執行。但自一九二四年起，德州所有的死刑都在高牆監獄的行刑室裡執行。一九二四至一九六四年，有三百六十一名犯人被以「老史帕奇」[2]（Old Sparky），也就是一般人熟知的電椅處死。紅河郡（Red River County）的查爾斯・雷諾茲（Charles Reynolds）是第一位被以這種方式處決的死刑犯，哈里斯郡的約瑟夫・強森（Joseph Johnson）則是最後一位。一九七二年，美國最高法院以「這種刑罰殘酷且異常」為由，宣布死刑違憲[3]。但不到兩年後，德州就恢復死刑，並且在一九七七年開始以毒劑注射作為新的處決方式。這種處決方式比較不激烈。一九八二年，查理・布魯克斯（Charlie Brooks）是第一位被以這種方式處死的犯人。

因為高牆監獄歷史悠久，城鎮圍繞著監獄發展起來，而監獄體系也成了該市最大的雇主。大學則是第二大雇主，就連這也源自於對刑事司法的注重——來自世界各地的人會在山姆休士頓州立大學（Sam Houston State University）修習犯罪矯正課程。有人說，在經濟大蕭條時期，亨茨維爾是德州唯一不受影響的區域，因為他們仍舊關押著一大群人。這些犯人的數量甚至可能比平時還多，因為貧窮會導致犯罪。

如果你不在監獄體系工作，則很有可能你的某個家族成員在那裡工作。在亨茨維爾周遭，你會不停地遇見在德州刑事司法部工作的人，或者是碰到某個人，他的丈夫、妻子或兄弟、姊妹在德州刑事司法部工作。在鎮上，到處都可以看見身穿特定制服（全身灰或是灰色長褲搭配有著德州州徽的藍色襯衫）的獄警。店家不僅為

1 美國是一個節日很多的國家，利用各種節慶進行愛國主義教育是美國一貫的做法。美國最主要的愛國節日有美國獨立紀念日、陣亡將士紀念日（Memorial Day）、退伍軍人節（Veterans Day）等。

2 在美國各州，電椅有不同的俗稱，例如阿拉巴馬州的「黃媽媽」（Yellow Mama）、紐澤西州等地的「老史摩奇」（Old Smokey），以及阿肯色州、德州等地的「老史帕奇」。

3 這項裁決使美國一度暫停執行死刑。三十多個州隨後修改了有關死刑的法律。有些州規定，對於可能被判處死刑的被告，審判分成兩個階段進行。首先由陪審團裁決他是否有罪，若是罪名成立，接下來再進入量刑階段，在考量可能加重或減輕犯罪情節的各種因素之後，最後裁決是否判處死刑。一九七六年，美國最高法院又做出另一次裁決——死刑本身並沒有違反憲法，但審判程序必須依循嚴格的標準。在這以後，美國重新恢復死刑。

監獄員工提供折扣，甚至也為剛獲釋的犯人服務。當一名犯人假釋出獄時，獄方會提供便服給他們，這些通常都是劣質品。不過，他們也會收到一張五十元美金的支票。有公司會協助兌現這張支票，商家則會販售便宜的T恤、無領背心和大方巾，任何犯人需要的東西都應有盡有。

即便亨茨維爾距離大學城不遠（我在這裡讀大學），我也知道亨茨維爾是執行死刑的地方，我也不曾對死刑有過深入的思考。直到我看見哈維爾・克魯茲在輪床上死去為止。事實上，在看完這件事之後，我也沒有想太多。我過去是支持死刑的；我認為，對於某些罪行，像是強暴並殺害孩童，這是最適當的懲罰。如果你強暴並殺害一個孩子，你根本錯得一蹋糊塗，無法彌補這樣的錯誤。儘管德州有死刑，這方面的討論並不多。和許多社會議題一樣，除非直接影響到自己，人們都傾向不去參與。對大多數德州人來說，死刑是一種抽象的概念，偶爾會在晚餐聚會上引發爭論。

然而，二〇〇〇年一月，當我在《亨茨維爾簡報》接手監獄的工作後，這一切就變得更加真實。一九九五年，小布希（George W. Bush）在當選德州州長之後，慢慢地啟動死刑（一九九六年，有三個人在德州被處決），死亡之家[4]（death house）又開始活躍起來。一九九七年，有三十七名犯人被處死；一九九八、一九九九年則分別有二十名和三十五名犯人被處死。但我無法預測接下來會如何發展。我在監獄工作的第一個月，我看著五名犯人死去。二〇〇〇年，有四十名男性和女性在亨茨維爾死亡之家被處決。這在全美各州中，是一年內死刑執行次數最多的紀錄，而且幾乎相當於美國其他州的總和。

我在新崗位第一個目睹的，是小厄爾・卡爾・海佐畢茲（Earl Carl Heiselbetz Jr）被處決。一九九一年，他在沙賓郡（Sabine County）殺死了一位母親和她的兩歲女兒。他的遺言是「我愛你們，我們另一頭見」。

當我翻閱我早年的行刑筆記時，許多瑣碎的細節吸引了我的注意。海佐畢茲「還戴著眼鏡」；貝蒂・盧・比茨（Betty Lou Beets）殺死了她五任丈夫中的兩位，並且開槍擊中另一任丈夫的背部，她「有一雙小巧的腳」（她是南北戰爭以來，第二個在德州被處決的女性）；傑佛瑞・迪林罕（Jeffery Dillingham）是一名職業殺手，在沃斯堡（Fort Worth）割喉殺害一位女性，他「臉上有酒窩，是個非常英俊的男人」。

4 死亡之家是指等待死刑執行的地方，裡面設有死囚牢房和行刑室。

不少死刑犯都讓我想起某些人。史賓賽・古德曼（Spencer Goodman）殺死了ZZ Top樂團經理比爾・漢姆（Bill Ham）的妻子，他「看起來像我的一個朋友，傑瑞米・強森（Jeremy Johnson）。他們有相同的體格，而且他們的腳踝和腳掌也有相似之處」。小奧德爾・巴恩斯（Odell Barnes Jr）因為一九八九年在威奇托福爾斯（Wichita Falls）強暴並殺害一名女性而被處死，他「看起來像主演情境喜劇《與庫伯先生一起玩耍》（*Hanging with Mr. Cooper*）的演員」。一九八六年，歐瑞恩・喬伊納（Orien Joiner）殺死了兩名拉伯克（Lubbock）的女服務生，他「完全讓我想到電影《蝙蝠俠》裡的企鵝人（Penguin）」。

一九九一年，湯瑪斯・梅森（Thomas Mason）在懷特豪斯（Whitehouse）殺死了他分居妻子的母親和祖母，他「看起來就像我的祖父……他不斷地用力眨眼，我的祖父也會這麼做」。和梅森一樣，我的祖父也來自田納西州，是個隨身攜帶槍枝的老硬漢，經常威脅要對某個人開槍。不同之處在於，我的祖父從來沒有這麼做。

我在德州死亡之家看到這些人被綁在輪床上，覺得他們看起來像某些人，關於這一點，心理學家可能有話要說——這些人犯下恐怖的罪行，而我卻不自覺地想賦予他們人性，或許我這麼做，是為了減輕目睹死刑對我產生的影響。但老實說，我根本不為所動。湯瑪斯・梅森看起來像我的祖父，並沒有讓我感到困擾。我沒有因此而哭泣，因為他其實不是我的祖父。

當我開始一個人住之後（那時我還沒有開始目睹死刑），我很害怕回家後會發現某個人藏在我的衣櫃裡，搞得我都快瘋了。人們可能會說：「這種事不會真的發生。」然而，在我一開始目睹的死刑當中，有位犯人就是這麼做的。詹姆斯・克萊頓（James Clayton）闖進某個陌生人的公寓，他躲在那個女人的衣櫥裡，等她回到家後就殺了她。據說這是因為他的女朋友威脅要跟他分手的緣故。不過，我在看完克萊頓被處決後就馬上離開、撰寫相關報導，然後去酒吧喝酒。

還有一次，一名死刑犯家屬在觀刑室裡攻擊我們這些記者，說我們是這具「殺人機器」的一部分。但這也沒有令我感到困擾，因為我並不這麼認為。我只是一位記者，把我的所見所聞記錄下來罷了。做這份工作，年輕是最大的優勢。當我接手監獄的工作時，我才二十四歲。這意味著我比較容易擺脫某些情境，並且公私分明。

朋友們經常拿我的工作開玩笑，寄給我一些不適當的電子郵件和簡訊。但另一方面，負責偵辦兇殺案（槍殺、刺殺、分屍）的休士頓重案組告訴我，即便你付錢給他們，他們也不想目睹死刑執行的過程。我的弟弟在兩次到伊拉克旅行的期間看到更可怕的事，他不明白，我怎麼能一次又一次地走進觀刑室，看著人們死去。但是……我沒有任何不敬的意思，我永遠無法以替人們剪髮維生。若是我在吃東西時看到食物裡有頭髮，我就會想吐。我有個最好的朋友是美髮師，我都對她說：「你怎麼有辦法幫別人剪頭髮？」我想，每個人都有自己的罩門；也許每個人生來都有適合他們的工作。

當他們開始了解我，知道我有勇氣面對這一切之後，矯正官[5]就會拿死刑犯自殺的照片給我看。其中有一名犯人割斷了自己的喉嚨，因此他的頭幾乎完全脫離他的身體。這並沒有影響到我。當你是一位記者，甚至是優秀的記者時，你可以從事件中抽離出來，冷靜且敏銳。目睹死刑只是我工作的一部分，一旦打卡下班，我就能忘記這一切。

然而，我的筆記裡到處都是蛛絲馬跡，顯示我應付得沒有像自己想像的那麼好。事實上，我感覺有些神經質。在目睹過幾次死刑後，我開始因為行刑室裡的氣味而感到煩躁。我可以在我父親的辦公室打開一包芝多司（Cheetos）時聞到它，而且在一次死刑結束之後，我開始擔心這種氣味會滲進我的口香糖裡。我想，我聞到的味道或許是來自他們用來處死犯人的三種藥劑[6]。但應該不可能，因為這些化學藥劑都封存在針筒裡。

但在一次死刑結束後，我突然感到擔憂：「不知道吸入這些化學藥劑，會不會讓我的肺部塌陷？」我討厭這個氣味。我過去從來沒有聞過這樣的味道，也不想再聞到它。這也就是為什麼，每當有人在死刑犯的最後一餐中夾帶香菸時，我會很開心。因為你聞到的就會是空氣裡瀰漫的煙味。

幸好我有寫這些筆記，不然我現在可能會坐在這裡告訴大家，作為一個年輕記者，目睹死刑絲毫沒有牽動我的情緒。我的筆記裡透露著同情，但我曾經一直否認它的存在。

比利・休斯（Billy Hughes）是我在死囚室訪問的第一位犯人，他同時也是第一位在採訪過後，我親眼目睹被處決的死刑犯。他聰明伶俐，非常討人喜歡；他在入獄服刑的二十四年裡完成了許多事（這在當時，是犯人在德州死囚室內關押時間第二長的紀錄）。他取得兩個學士學位、將書籍翻譯成盲文（或稱「點字」）、經營賀卡生意、為騎馬的人出版旅遊指南、創作連環漫畫，並且在牢房裡發起廢死運動。

在休斯被處決之前，他的教誨師告訴我，他很喜歡我對他的報導。我的筆記上

5 矯正官又稱為獄警或管教人員，在監獄、少年管教所和收容所，負責看守、管教犯人，維護監獄裡的安全與秩序；他們在監獄以外的地區沒有執法權。

6 一般來說，注射死刑會使用三種化學藥劑 硫噴妥鈉使犯人喪失意識，麻妥儂導致肌肉麻痺和呼吸衰竭，氯化鉀溶液則使心跳停止。這些藥劑不會被混合，而是按既定的順序注入。

寫著，我感到眼眶一陣灼熱。我撰寫的報導是他死前最後閱讀的東西之一，這令我異常自豪。但當休斯被處死之後，被害人的母親說他「善於操控人心」，我不知道自己是否也被他操控了。後來，賴瑞告訴我，休斯覺得他不值得我對他那麼好，這使我感到很沮喪。即便有人猜測休斯是替妻子頂罪，他還是因為殺害一名州騎警而被判死刑並處決。不把犯人告訴我的事照單全收，是我的責任。

還有一位名叫威廉・基欽斯（William Kitchens）的死刑犯，因為一九八六年在阿比林（Abilene）強暴並殺害派翠西亞・韋伯（Patricia Webb）而被處死。我的筆記上寫著，聽到他的遺言時，我熱淚盈眶，這顯然是因為他的道歉感覺十分真誠。另外，某個晚上有兩名犯人被處決（這在監獄術語裡稱作「連續處決」），奧利佛・克魯茲（Oliver Cruz）是這當中的第二位。第一位是布萊恩・羅伯森（Brian Roberson），他刺死了兩名年長的鄰居，是個混蛋來著。在藥效開始作用之前，他轉頭對被害人家屬說：「你們開車回家時給我小心一點，不要出車禍撞死了。」這是他在這世上留下的最後一句話。

二十分鐘後，我們回到觀刑室裡，那時克魯茲正淚流滿面地向被害人家屬道歉。他看起來是如此矮小、年輕，有著稀疏的鬍子，就如同想讓自己看起來像個大人的西班牙裔少年。他這個案子的被害人是一名叫凱莉・唐納文（Kelly Donovan）

的美國空軍飛官，她在外出散步時，被克魯茲和他的同夥誘拐。在強暴唐納文後，克魯茲用刀將她刺死。一位神職人員，伊曼紐爾・麥卡西神父（Father Emmanuel McCarthy）為了這次死刑來到鎮上；他告訴記者說，因為唐納文當時穿著熱褲，所以「不會有好事發生」。換句話說，這位神父認為她是自找的。

在向警方自首後，克魯茲坦承他還殺死了另外三個人。但看著他躺在輪床上乞求原諒，我替他感到難過。事實上，我的筆記中寫著：「我為他感到難過；這種感覺難以言喻。」我只是很高興，一個死刑犯能夠承認自己的罪過，而不是到最後一刻都還在說謊。

我的筆記裡還有一些描述讓我覺得很難為情，因為我顯得愚蠢、不成熟且自以為是。我一直深信他們罪有應得，那段時間我對某些事的見解，令我感到極度不舒服。二〇〇〇年十一月十四日，在史黛西・拉蒙（Stacey Lamont）被處決之後，我寫下了這段話：「說好囉，如果你要做這份工作，你最好堅強一點。我不是一個刻薄或冷酷無情的人。在看《鐵達尼號》和我飼養的倉鼠死掉時，我都哭了。只因為這是我的工作。你真是個懦弱的傢伙。這就是我要說的。」

我不應該自命清高，因為我對生死幾乎一無所知。我是個大人，但我在很多方面都還像個小孩。因此，我把一切都想得太過簡單。我還記得美聯社的邁克・葛拉澤克（Mike Graczyk）在某次目睹死刑之後，被電視台工作人員問到他有什麼感受（他曾經目睹過數百次死刑）。那時，葛拉澤克停止打字，看著他們說：「我只想把這則報導寫出來而已。」這讓我印象深刻。記者應該要沉著冷靜，從情境中抽離出來。因為這是我們的工作。

某次死刑結束後，有一名女記者跑到廁所裡哭。我還記得我聽著她和她朋友的對話，心想：「我快被這些人搞瘋了……」當時有位來自英國的女記者，因為那名死刑犯長得像她的男朋友，開始哭了起來。我只是覺得這幾個小妞很弱。身為一位記者，你必須接受這一切。但那時的我可能有些麻木不仁，令人難以忍受：「哎呀，我比你們堅強多了……」

根據我的筆記，我有時像是一個喜怒無常的青少年。因為某些原因，保羅・農西奧（Paul Nuncio）被我臭罵了一頓：「這傢伙讓我非常火大。第一，饒他一命根本毫無意義。第二，他對被害人家屬十分無禮。第三，他看起來就是一副很蠢的樣子。」平心而論，農西奧確實強暴並勒死一名女性，況且我想，任何人都會對自己二十四歲時寫的某些筆記感到難為情。話又說回來，我對湯米・雷・傑克森（Tommy Ray Jackson）的描述實在令人難以卒睹。

傑克森因為在一九八三年綁架、強暴並殺害一位德州大學（University of

Texas）的學生羅莎琳・羅比森（Rosalind Robison）而被處死。他的遺言很冗長，總共持續了九分鐘，比平時都還要久。在他交代遺言的過程中，我變得越來越惱火，因為我想早點把報導寫完，好去酒吧裡慶祝墨西哥的五月五日節（Cinco de Mayo），這傢伙躺在輪床上試圖將他的生命延長，這寶貴的幾分鐘卻讓我感到惱怒，因為他浪費了我的歡樂時光。真的很白痴。這種心態很醜陋，令我感到羞愧。

我只能說，我已經顯露出憤怒的跡象，這一點毋庸置疑，即便當時的我並不承認。二〇〇〇年的前六個月，我目睹了二十二名犯人死去，其中有七名都在五月。這當中更有幾次死刑堪稱是馬戲表演。

在比利・休斯被處死的那一天，他對賴瑞・費茲傑羅說「我對接下來要發生的一切感到非常難過」，但他並沒有再進一步說明。當我抵達高牆監獄時，草坪上站著一堆穿著制服的州騎警。這通常是因為有執法人員被殺了。然而，在這條街的另一頭，有個記分板上寫著「喬治 一一七：傑布 二」，意指在小布希德州州長任內，以及在他弟弟傑布（Jeb）佛羅里達州州長任內執行的死刑次數。那裡還有一支行進樂隊和一些啦啦隊員，他們穿著繡有字母的毛衣和百褶裙，呼喊著「德州很好，德州很棒，我們比美國其他州殺死更多人」之類的話。

這一切是紀錄片導演麥可・摩爾（Michael Moore）為他的電視節目《真相追擊》

（*The Awful Truth*）所做的安排。幾乎每次死刑執行時都這樣，他高興就好。不過，當一大票穿著制服的州騎警默默地站在那裡，為了同仁的死慶祝，這就有點糟糕了。休斯在交代遺言時說「如果我在向社會還債，總該給點回扣吧」，讓我差點笑出聲來。我暗自竊笑，心想：「我的天啊！我不該這麼做。至少不是在這裡，至少不是現在……」

龐猜・威爾克森（Ponchai Wilkerson），一位退休副警長的兒子，一九九〇年在休士頓開槍打死一名珠寶店的店員。他將鐘明毅（Chung Myong Yi）殺害，終結長達一個月的犯罪潮（這當中包含駕車槍擊、搶劫和汽車竊盜）。威爾克森也是德州死囚室有史以來精力最充沛的犯人之一。一九九八年感恩節的晚上，他和其他六位死刑犯試圖從獄中逃跑。當獄警朝他們開槍射擊時，威爾克森和其他五位犯人舉手投降，但馬汀・古魯爾（Martin Gurule）仍然繼續前進。他還有什麼好失去的呢？

一個星期後，古魯爾被發現陳屍在三一河[7]（Trinity River）裡，想必是淹死的（他是「邦妮和克萊德時代」[8]〔Bonnie and Clyde era〕以來，第一個逃出德州死囚室的犯人）。他把雜誌和硬紙板塞在衣服底下，像是穿著一副盔甲，使他得以翻越兩道刺網圍籬。

二〇〇〇年二月，我對威爾克森的介紹被刊登出來，那時他和另一名死刑犯霍華德・古德瑞（Howard Guidry）在利文斯頓（Livingston）的泰瑞爾監獄[9]（Terrell Unit，後來改名為普朗斯基監獄〔Polunsky Unit〕）挾持一位女性警衛。在古魯爾成功越獄後，德州的死囚室剛被移到這裡。威爾克森以某種方式打開牢房的門，將那位警衛制伏，然後把她鎖在休息室內。他和古德瑞拿著鋒利的金屬片當作武器。當我知道發生什麼事之後，我趕緊跳上我的車，最後在一條黑暗、偏僻的小路盡頭找到了那間監獄。當我抵達那裡時，發覺路被封住了，整條街上都是記者。他們被卡在外頭，因為他們無法靠近停車場。

7 三一河是德州境內最長的一條河。

8 邦妮・帕克（Bonnie Parker）和克萊德・巴羅（Clyde Barrow）是美國歷史上著名的鴛鴦大盜。一九三〇年代，他們在美國中部犯下多起搶案，克萊德至少殺害了九名警察。一九三四年五月二十三日，兩人被路易斯安那州警方設伏擊斃。他們的故事也曾被翻拍成電影《我倆沒有明天》（*Bonnie and Clyde*）。

9 泰瑞爾監獄在一九八三年啟用，原本是以前德州刑事司法委員會主席查爾斯・泰瑞爾（Charles Terrell）的姓氏來命名。泰瑞爾監獄原本不收死刑犯，但自從一九九八年，馬汀・古魯爾從亨茨維爾的艾利斯監獄（Ellis Unit）逃脫後，德州刑事司法部就決定將男性死刑犯移至泰瑞爾監獄。一九九九年，這間監獄開始收容死刑犯，泰瑞爾因此感到恐懼，要求監獄重新命名。於是，這裡後來改以另一位前德州刑事司法委員會主席艾倫・B・普朗斯基（Allan B. Polunsky）的姓氏來命名。

突然間，賴瑞・費茲傑羅穿著手工牛仔靴大步走來。當時我心想：「這傢伙真是個狠角色。」我曾經在幾次死刑執行時見過他，卻不曾真正了解他。但是現在，面對眼前的種種混亂，他是最沉著冷靜的人，散發出無與倫比的魅力。對一個新人來說，他令人非常印象深刻。他對媒體進行簡報，並且擬出一套計畫。這就是我們該做的事；如果不對記者開誠佈公，他們就會胡說八道。

賴瑞・費茲傑羅

我過去從事廣播工作；有段時間，我曾經擔任音樂節目主持人。我和我的妻子瑪麗安沒有什麼錢，但我們有很多唱片可以聽。在成為新聞記者之前，我曾經在德州各地，像是泰勒（Taylor）、布萊恩（Bryan）、達拉斯的電台工作。那個時候，發生了好多事——甘迺迪被暗殺、越戰、黑人權力運動（Black Power Movement）、嬉皮風潮（hippies）、婦女解放運動、水門案（Watergate scandal），以及尼克森辭職下台。我熱愛那個年代。

我在沃斯堡的 KXOL 廣播電台工作時，在德州大學有一場大規模的和平遊行，參加遊行的人在我們的新聞採訪車上擺滿鮮花，並且將大麻分送給大家。當我回到家時，瑪麗安問我：「你有因為抽了點大麻而感到飄飄欲仙嗎？」我回答說：「不，我沒有抽。」一九五九年，我和瑪麗安在奧斯汀一家名為「骯髒馬汀」（Dirty Martin's）的啤酒吧相遇。在那個汽車餐廳[10]盛行的年代，如果你認識一位名叫道格（Doc）的瘋狂男子，即使你尚未成年，他也會把啤酒賣給你。

我們婚後住在位於德州泰勒的一間雙層公寓裡，這間公寓外觀看起來有些恐怖。在瑪麗安懷孕後，我曾經帶她去看《驚魂記》（*Psycho*）。因為她非常害怕，當我們回到家之後，我關上屋內所有的燈，站在樓梯的最上層，發出尖銳的聲響，彷彿是片中著名的浴室命案聲響。最後，她終於發現我是在捉弄她。

我曾經和珍・芳達（Jane Fonda）在胡德堡（Fort Hood）共用一間牢房。那時，她對軍人參與越戰表示抗議，我則是不停地把麥克風塞到她的面前。結果，我們倆

10 因為汽車業蓬勃發展，二十世紀中期，汽車開始走入美國的中產階級家庭。許多人開始住在郊外，傳統的餐飲形式已經不符合需求；為了方便停車的旅客可以在車上用餐，大量的速食店和汽車餐廳應運而生。

都被警方逮捕。當我們在那間牢房裡共處時，她依然滔滔不絕地說個沒完。在我加入監獄體系之後，發現其中一名典獄長竟然是那天逮捕我的警察。我在電台工作時，有時會惹毛上司們，甚至還因為老闆是個混蛋而辭去一份電台的工作。我曾經在奧斯汀的一家電台工作，那家電台的老闆是林登・詹森（Lyndon B. Johnson）；他當時是一位參議員，後來當上了美國總統。我還記得，為了省電，他會來回巡視並且把燈關掉。

當我的妻子其實並不輕鬆。我們有兩個小孩，但我這輩子從來沒有換過尿布，而瑪麗安從不知道未來會發生什麼事。總要有人賺取生活費；她一定很擔心，我永遠無法安定下來。不過，我始終對人生抱持樂觀的態度，相信會有好事發生，事實上也是如此。

當我在沃斯堡升任新聞部主任之後，我開始真正認識那個圈子裡的重量級人士，也就是那些製造新聞的人——律師、法官和政治人物。我喜歡參與其中，看見大多數人看不到的東西，甚至事先知道接下來會發生什麼事。更重要的是，我喜歡提出困難的問題。好奇心使我成為一名優秀的記者。我想告訴人們發生了什麼事；我很擅長在廣播節目中說故事，用我自己的方式描述事情發生的經過。這是我的天賦。如果有重大災難，像是車禍或火車事故發生時，我都會趕到現場。這類事件總是讓人腎上腺素急速飆升。

那個年代沒有手機或電腦，因此你必須親自到警察局找尋故事題材。我有輛車可以收聽警察廣播電台，有一次我下班開車回家時，聽聞曼斯費爾德（Mansfield）的一家酒吧發生槍擊案。我和副警長幾乎同時把車停在停車場，那時酒吧裡仍傳來陣陣槍響。我們好不容易進到酒吧內，地板上到處都是死者的屍體。結果發現，是一位走進酒吧的男士朝店裡的人隨機開槍掃射。他跑進一間廁所裡，幾名生還者拿著刀子跟著他一起進去，趁他要為他的四五手槍裝填子彈時殺了他。這實在是大快人心。

當我在克利本（Cleburne）的KCLE廣播電台工作時，附近發生了一起地底爆炸事件。原來這個地方是一間極為機密的工廠，生產要在越南投擲的炸彈。那裡還曾經有一些從監獄逃出來的犯人，藏匿在德州西部的山裡。所有配戴著來福槍的人都在找尋他們的下落，但我身上卻只有一本筆記本而已。當我在赫斯特市（the city of Hurst）的KXOL廣播電台工作時，我們碰巧遇到在沃斯堡東邊一處非法賭場發生的槍戰。我們比警方更早抵達現場，而且很幸運地沒有被槍擊中。但我只是想要親臨現場，不管會發生什麼事。

我也報導過湯瑪斯・庫倫・戴維斯（Thomas Cullen Davis）的案子。他是德州某家石油公司的繼承人，曾經因為殺死他的繼女接受審判。那時，我必須刮掉我的鬍子，因為人們老是把我誤認成戴維斯妻子的男朋友。後來他被無罪釋放，卻再度因為密謀殺害他的妻子而受審，法官也受理了他們的離婚訴訟。結果，你知道嗎？戴維斯再次全身而退。在德州，人們常說：「如果你沒有錢，你就會受到懲罰。」反之亦然。不過，也不全然都是壞消息。就像有一次，一輛十八輪聯結車在高速公路上翻覆，數百隻雞四處逃竄。附近所有有麻布袋的居民，都跑到高速公路上捕捉他們的晚餐。

在和一名電台老闆鬧翻後，我當了一陣子卡車司機。當時，我替一個名叫波．鮑爾（Bo Powell）的傢伙工作；他的公司名字叫作「午夜過後，無論何地、何物，我們都送」（Anything Anywhere After Midnight）。我可以肯定地告訴你，直到某輛載滿油料的卡車在泰勒（Tyler）引發火災之前，我送過很多奇怪的東西。在那之後，我覺得開卡車不太適合我。一九七八年，我到德州律師公會[11]（State Bar of Texas）擔任公關主任。我想瑪麗安應該放心不少，因為她知道我每個月都能領到薪水。

我可以讓人們說出心裡話，所以我聽過許多重要人士傾訴衷腸。然而，這是一份壓力很大的工作。我就是從那時候開始喝酒的。不然你以為他們為什麼要叫律師公會「酒吧」[12]？我幾乎在任何地方遇見認識的媒體人時，都會幫他們付帳。我每個月都會收到一張三千元美金的美國運通卡帳單，這對我的肝一點好處都沒有。在酒吧裡可以知道很多事，而喝酒也是我的精神支柱，它讓我放鬆心情，使我忘卻工作的壓力。但它最後也讓我必須參加匿名戒酒會（Alcoholic Anonymous，簡稱AA）。

一九九一年，我離開德州律師公會之後，到德州商務部（Texas Department of Commerce）擔任場勘人員。我和攝影記者吉姆會開一整夜的車，走遍德州各地，報導阿蘭瑟斯港（Port Aransas）的蝦子嘉年華和康羅（Conroe）的鯰魚嘉年華。

在比爾・霍比（Bill Hobby）競選德州副州長，以及安・理查茲（Ann Richards）競選連任德州州長期間，我都做了相關報導。當韋科（Waco）發生大衛・考雷什（David Koresh）事件，大衛教派（Branch Davidian）信眾葬身火海時，理查茲正在大彎國家公園（Big Bend National Park）放生一隻獵鷹。有位記者問她關於考雷什的事，她根本一無所知。我把她臭罵了一頓。最後，她沒有連任成功。

---

11 德州律師公會是美國德州最高法院管轄下的司法機構，屬於強制性的州律師公會。公會負責協助德州最高法院監督所有在德州執業的律師。此外，德州律師公會也是全美第五大律師組織。

12 律師公會的英語是「State Bar」，而「bar」也有酒吧的意思。

負責掌管德州刑事司法部新聞室的，是一個名叫拉里・陶德（Larry Todd）的傢伙；他是我在達拉斯──沃斯堡電台工作時的老朋友。當他問我要不要應徵新聞室發言人時，我立刻欣然接受。我沒有問任何問題，因為那時我處於失業狀態，急需用錢。這是我去應徵的唯一理由。面試時，我被問到對死刑有什麼感覺。我的回答是：「我覺得很矛盾。」後來我才發現，原來我的職務內容包含目睹那麼多該死的處決過程。老實說，我本來以為自己要擔任的是技術人員，協助德州州議會（Texas Legislature）處理監獄事務。對於我要目睹死刑這件事，瑪麗安覺得非常糟糕。

此外，我也以為主要工作地點在奧斯汀，也就是我居住的地方。所以當他們告訴我，我將會在亨茨維爾工作時，我心想：「亨茨維爾？那可是鄉下地方耶！我才不想住在亨茨維爾！」我來自奧斯汀，一個自由開放的城市；過去我一直發誓，絕不住在三十五號州際公路（Interstate 35，簡稱 I-35）以東。我不知道住在德州東部可以期待些什麼，但我別無選擇。我只是一個老媒體人，需要一份工作。

一九九五年一月，我開始在德州刑事司法部工作。很快地，我就開始問自己：「我這種人到底是怎麼被德州刑事司法部錄用的？」亨茨維爾是一個美麗的小鎮，那裡的人都非常友善。然而，它位於德州東部松林屏障（Pine Curtain）的背後、聖經帶[13]（Bible Belt）的帶扣上，是個很保守的地方。浸信派（Baptist）和五旬節派

（Pentecostal）信徒勢力龐大，在餐廳裡看到有人進行餐前禱告，是很稀鬆平常的事。如果說亨茨維爾很保守，德州刑事司法部又是完全不同的等級，甚至令我感到有點震驚。我不會說自己是自由主義者，但我應該會被認定是民主黨支持者。我想，在亨茨維爾，民主黨支持者和自由主義者是可以劃上等號的。

因為我來自奧斯汀，管理部門還以為我是政治人物。這在監獄體系是最糟糕的事。一開始真的很辛苦。那個時候，我經常打電話都得不到回應；我住在亨茨維爾的汽車旅館裡，每個週末開車回奧斯汀，過著流浪的生活。不過幾個月後，我獲得政府配給的宿舍，這意味著每兩個星期回奧斯汀一次。我開始受邀和相關負責人一起參加烤肉聚會、酒會和各種會議，約莫一年後，我終於被接納了。我開始察覺到人們的改變；他們開始覺得：「這傢伙其實還挺不錯的。」

剛開始，我對監獄一無所知，也不曾和犯人長時間相處。我以為獄方只是把他們關起來，然後把鑰匙丟掉而已。我也從來沒有認真思考過死刑這件事。在這方面，

13 聖經帶是指美國南方和中西部一帶，新教徒基本教義派勢力最龐大、思想最保守的地區。這些地方的人特別注重從福音派（evangelical）的立場來詮釋《聖經》，和以自由派與新教宗派為主的美國東北部，以及以不信宗教者為主的西部形成鮮明的對比。

我完全是個新手。但德州刑事司法部想要的是經驗老道、閱歷豐富的人，而我正好有豐富的經驗。同時，他們也需要一個能夠應付媒體壓力的人，即便我不知道這壓力究竟有多大。不過，有個建議對我非常受用。我在德州律師公會工作時的一個朋友告訴我：「賴瑞，如果你在那裡懂得尊重犯人，你將會擁有全世界最棒的工作。但如果你在那裡，而且是個混蛋，你將會討厭這份工作。」因此，我決定要尊重那些人……。

最後，威爾克森和古德瑞投降了。不到一個月，前者就預定要被處決。然而，泰瑞爾監獄的人質挾持事件並不是威爾克森最後一次掙扎。當他拒絕離開死囚房時，獄方對他施以氣體麻醉，並且把他抬到一台廂型車上，載送至亨茨維爾。接著，五人押解小組將他從牢房拖到行刑室裡。之後，他們以魔鬼氈束帶把他固定在輪床上，並且以繃帶纏繞他的頭部。我和賴瑞、邁克・葛拉澤克駐守在觀刑室裡，當威爾克森在交代遺言時，化學藥劑開始流進他的體內。一切似乎都依照計畫進行。突然間，威爾克森開始用一種很奇怪的方式轉動他的舌頭。

我看到某種金屬製品，以為他試著要把他的牙套吐出來。接下來，我發現他正在喃喃自語，然後在他死去的那一瞬間，我看到一支小小的鑰匙從他的嘴裡掉了出來。這時，代理典獄長尼爾・霍吉斯（Neill Hodges）走上前去，從威爾克森的下巴處抓住那支鑰匙，放進他的口袋裡。我們全都呆住了。最後，我在記事本上寫了「鑰匙？」幾個字，拿給賴瑞看。他點了點頭。我的老天！

”

有那麼幾秒鐘，我的腦中閃過一種瘋狂的念頭：「他會從床上跳下來，然後把我們殺了。」這有點像是《沉默的羔羊》（*The Silence of the Lambs*）裡的片段；當漢尼拔・萊克特（Hannibal Lecter）從嘴裡吐出迴紋針時，你就知道警衛們有麻煩了。

——節錄自蜜雪兒的筆記，二〇〇〇年三月十四日

在那之後，我們這些記者趕緊蒐集資料，試圖找出這支鑰匙從何而來。我們問

吉姆・布拉澤爾（Jim Brazzil）牧師，威爾克森在吐出鑰匙前說了些什麼。布拉澤爾的答案是「威爾克森的祕密」。據說威爾克森曾經整天跟獄警嗆聲，說他知道某件他們不知道的事。對此，獄警的回應是：「不管怎樣，龐猜……」我想，他的祕密大概就是他有這支手銬的鑰匙吧。

後來，當他們提出事故報告時，判定他可能是打算在前往亨茨維爾的路上掙脫手銬，接著劫持那輛廂型車，或是從車門跳出去。他沒有想到的是，當死刑犯要被移送至處決地點時，身上會有不只一副手銬。因此，即使他有辦法移除其中一副，也無法移除另一副。然而，這次事件讓獄方展開大規模搜索，他們把整間監獄都翻遍了，結果找出更多鑰匙。威爾克森最後的勝利，就是他對監獄體系狠狠地罵了一句「去死吧」（他似乎生來就要這麼做）。幾年後，當霍吉斯成為專任典獄長時，他把那支鑰匙裱起來放在辦公室裡。

貝蒂・盧・比茨也吸引許多媒體的關注，只因為她是女性。不過，二〇〇〇年最重要的大事顯然還是蓋瑞・葛拉罕（他比較喜歡被稱作夏卡・桑科法〔Shaka Sankofa〕）被處決。

我始終不明白，為什麼某些死刑犯會引發公眾關注。或許他們根本不該如此。有位名叫詹姆斯・奧德里奇（James Allridge）的犯人，因為一九八五年在沃斯堡殺死一名便利商店的店員而被判處死刑。奧德里奇長年和女演員蘇珊・莎蘭登（Susan Sarandon）有信件往來，在他要被處決的幾個星期前，她甚至還來探望他。因為我是現場唯一一位女性，他們要我幫她帶路。她買了一些他的畫作。這對我來說，一點意義也沒有。奧德里奇和他的兄弟接連犯下數起案件，至少造成三個人死亡（他的兄弟也已經被處死）。奧德里奇確實在獄中取得一個學位，但其他人也是。

蓋瑞・葛拉罕又為何引來如此大的關注？他並不值得同情。他不應該成為廢死運動的代表人物。他也接連犯下許多可怕的案件——不到一個星期的時間內，他在九個不同的地方搶劫了十三名被害人。其中兩名被害人遭槍柄攻擊，另一名被槍擊中頸部，還有一名被葛拉罕偷走車子後開車撞傷。最後一位被害人麗莎・布萊克本被他綁架、搶劫，並且在五個小時內反覆強暴。這些案子都沒有爭議，因為葛拉罕對所有指控悉數認罪。他只否認殺死第一位被害人巴比・蘭伯特（Bubby Lambert）。葛拉罕的論點是，他只因為一名目擊者的證詞就被定罪，但該名目擊者跟他一樣是個黑人。所以，他的擁護者不能說這樣的判決結果是因為種族歧視。

葛拉罕在十九年內提起二十次上訴（這些上訴由三十三名法官負責審理，最後全部都被駁回），被獲准暫緩行刑四次。然而，儘管承受來自世界各國的巨大壓力，小布希州長是不會妥協的。由於有三分之二的美國人贊成死刑，小布希支持死刑不會為他帶來政治風險。不過，接連處決死刑犯不是小布希的責任。因為行刑日是法庭排定的。他無法干預葛拉罕這個案子，因為在停止處決犯人這件事上，州長的權力極其有限。他們只能批准一次為期三十天的暫緩行刑，其他像是期間較長的暫緩行刑或減刑，都必須由德州特赦與假釋委員會（Texas Board of Pardons and Parole）提出建議，而前任州長已經准予葛拉罕暫緩行刑一次。

我曾經訪問過葛拉罕，我很喜歡他。他講得頭頭是道，說他會奮戰到底，但我覺得他只是另一個害怕死亡的死刑犯而已。我甚至不確定他是否相信自己的一言一行，例如他和新黑豹黨[14]（New Black Panthers）之間的關係，以及為了「彰顯他的非洲血統」而改名。他是那種聲稱自己正在絕食，實際上體重卻增加的人。對大部分的死刑犯而言，絕食意味著每當獄方送來餐食時，他們都拒吃，但他們還是會吃零嘴。換句話說，我拒吃你們這些王八蛋提供的早餐，然後卻在牢房裡吃了六塊雙奇思奶油夾心海綿蛋糕。

雖然幾乎所有正直的人都認為葛拉罕有罪，他也獲得許多名人的聲援。丹尼・葛洛佛（Danny Glover）和史派克・李（Spike Lee）以口頭支持，肯尼・羅傑斯（Kenny Rogers）則是為他支付再審費用。在葛拉罕被處死的那一天，碧安卡・傑格、傑西・傑克遜牧師（the Reverends Jesse Jackson）和阿爾・夏普頓（Al Sharpton）

都現身見證。我想，葛拉罕是社運人士的一顆棋子。他們能各取所需——葛拉罕希望有人可以拯救他，他們則需要有人推動他們的理念。只要有名人參與，媒體就會蜂擁而至。只要那裡有攝影機，就會有人揮舞著標語，讓社會大眾聽見他們的訴求。

我無法用「令人興奮」來形容蓋瑞・葛拉罕被處決的日子。那一天非常瘋狂，而且有點可怕。這也許是我人生中最漫長的一天。我在早上七點左右抵達高牆監獄，當時已經有數百家媒體駐守在那裡，整座停車場擠滿了記者和衛星轉播車。到了中午，抗議群眾開始現身，其中包含帶著AK-47突擊步槍的新黑豹黨和身穿長袍、頭戴面罩的三K黨（Ku Klux Klan）。你或許知道新黑豹黨和三K黨處得不是很好。傑西・傑克遜一直試圖走到講台上，想向「他的信眾們」發表談話，賴瑞只好叫他對著街上的群眾說話。那座講台上有一枚印有德州刑事司法部部徽的盾牌，若是賴瑞讓傑克遜站到台上，三K黨應該也會要求站上來發表談話。

警方設法將新黑豹黨和三K黨隔開一條街的距離，直到新黑豹黨開始在街區的另一側遊行示威為止。那條街上完全沒有路障。因此，新黑豹黨現在正朝著三K黨的方向前進，記者和警方則是追著新黑豹黨跑。外頭像是有三百度那麼熱。直升機

14 新黑豹黨是一九八九年成立於美國德州達拉斯的激進黑人民族主義組織。

在頭上盤旋，特警隊（Special Weapons And Tactics，簡稱SWAT）也嚴陣以待，所有人既痛苦又憤怒，彷彿隨時會炸裂開來。現場真是一片混亂。

賴瑞曾經請人在高牆監獄對面的辦公大樓裡安裝大量的插座，好讓記者可以接上電腦，將報導發送出去。因此，當我們聽到那巨大的嗡嗡聲時，我們都在那裡拚命打字。所有人都抬起頭來，結果看見傑拉爾多・李維拉（Geraldo Rivera）的助理臉紅得像煮熟的龍蝦。她被德州無情的烈日曬傷，正在用該死的吹風機吹乾這位脫口秀主持人頭髮上的汗水。傑拉爾多其實是個討人喜歡的傢伙，但當這名「龍蝦女」在幫他吹頭髮時，我很想把他們倆都痛扁一頓。當我們發現葛拉罕的律師提起緊急上訴，導致死刑延遲兩個多小時才執行時，我又更加火大了。先別提我們苦等幾個小時，外頭根本就是一片混亂。

我從賴瑞的辦公室望出去，有位典獄長的頭被瓶子打傷；一名男子試圖強行越過路障，被警方制伏在地，還有人焚燒美國國旗。我想到外頭去看看這一切。

賴瑞・費茲傑羅

我還記得，有位來自沃斯堡的犯人在被處死之前說：「我會攻擊你，那是我的本性。」當他們試著把他帶出牢房時，他真的這麼做了。至於蓋瑞・葛拉罕，他們打算出其不意，提前一天將他帶離死囚室。但葛拉罕還是進行了頑強的抵抗；他說過他會這麼做。當時，我完全不理會德州公共安全部（Texas Department of Public Safety，簡稱DPS）巡警的攔檢，我這輩子從來沒有開車開得這麼快過，因為他們認為新黑豹黨可能會試圖劫持葛拉罕的座車。從利文斯頓到亨茨維爾的路上，葛拉罕幾乎全程遭獄警壓制。

我以為當我們把他帶到死亡之家時，他會像隻溫順的小貓，也許他剛才在死囚室時，只是在獄友前面做做樣子而已。他們把他關進一間特殊牢房，裡面沒有床鋪或桌子，令他很不開心。

當他們把牢房門打開時，他奮力抵抗，比我看過的其他死刑犯都來得激烈。好笑的是，我很高興他這麼做。因為我怕我會在他被處決後，走到外頭說：「見鬼了，他並沒有掙扎。」媒體和他的擁護者會說我是個騙子。

負責押解葛拉罕的五名矯正官，是我看過身材最高大的。他們帶著盾牌走進來，然後設法將他推到牆上。我一度以為他會逃脫，但他們還是順利將他制伏。接下來，他們做了某件我不曾看過的事——除了束帶之外，他們還給他戴上手銬和腳鐐。唯有如此，他們才能讓他躺到輪床上……。

如果換作是我被判死刑，我想我很難不抵抗。我會又踢又咬又叫，用盡全身的力氣，不讓他們把我帶出牢房。然而，大部分的死刑犯都不太掙扎。他們多半都會瀟灑地走進行刑室，接著迅速地躺到輪床上。之後，他們會伸出手臂，讓注射小組把靜脈注射導管裝上去。對我來說，這是最奇怪的一件事；我無法想像自己對死亡如此順從。我真的不知道，是因為他們被關在死囚室裡這麼多年，失去了反抗的本能，還是他們想要在接受懲罰時像個男子漢。所以，當我聽說葛拉罕這樣頑強地抵抗時，我必須稱讚他一下。

輪到葛拉罕交代遺言時，他們讓他東拉西扯了二十三分鐘。我想典獄長很害怕打斷他，因為他那些名人貴賓都和我一起在觀刑室裡。我以為他會一直講到半夜，那時他的死刑執行令就會失效。葛拉罕的遺言是：「繼續遊行吧，黑人們。他們今晚要殺了我。」他死去後，一隻眼睛睜開、一隻眼睛闔上，直盯著傑克遜牧師瞧。

在我們等待醫生前來時，傑克遜和夏普頓輪流禱告，傑格則是默默地哭泣。晚上八點四十九分，葛拉罕宣告死亡。我回到新聞室把報導繼續寫完。我在早上七點左右就開始一天的工作，最後回到家時，已經是午夜過後。我實在是身心俱疲。不是因為等待時間漫長、天氣炎熱，或是對於他被處決感到困惑（我並沒有這種感覺），只是一切都太過緊張刺激。一整天，各種新聞事件不斷地在我們周遭發生，因此我們必須保持高度警戒。這是我經歷過最緊張的一次死刑。

隔天早上，我排定參加凱蒂・庫瑞克（Katie Couric）《今日秀》[15]（*The Today Show*）的晨間節目專訪。這是一件不得了的事。整個星期，很多朋友都拿葛拉罕的名字亂開玩笑，希望可以讓我留下印象。他們叫他夏卡・沙庫爾（Shaka Shakur）或夏卡・「沙發床」（Shaka Sleeper Sofa），一大堆這樣的鬼扯蛋。果然，

15　美國晨間新聞和脫口秀節目《今天》，又稱為《今日秀》。每個工作天的早上，在NBC電視台播出（一九五二年一月十四日首播）。根據尼爾森收視率調查，自一九九五年十二月十一日至今，《今天》一直是美國收視率最高的晨間新聞和脫口秀節目。

當庫瑞克問我葛拉罕的喪葬事宜如何安排時，我回答，他的家人打算將他以他的非洲名字——夏卡・沙庫爾下葬，好像他是圖帕克・沙庫爾（Tupac Shakur）一樣。

這還不是最糟糕的。最重要的是，當我重新聆聽這段專訪時，我聽起來像是個超級鄉巴佬，就像《沉默的羔羊》裡的克麗絲・史達琳一樣。我想，這時我才開始意識到：「如果我想要被認真對待，我真的必須改掉我的德州口音。」在那之後，我的朋友打電話跟我說：「恭喜你，你將贏得『全美最討厭女人』的獎項。因為當凱蒂・庫瑞克問你『在目睹蓋瑞・葛拉罕被處死的過程中，你是否覺得很難熬』時，你只是輕描淡寫地說『不太難熬』。」那不是我的本意。我只是想要說：「我是一位記者，這是我的工作。」我還太年輕，有著德州小女孩稚嫩的嗓音；我聽起來像是個孩子。

那次訪談過後，我收到很多人的電子郵件。其中有一些支持死刑的人，認為我做得很好；另外有一些反對死刑的人，覺得我很可怕；還有一些人跟我搭訕（「我和我的朋友都覺得萊昂斯小姐非常美麗……」）。這令我既受寵若驚又不寒而慄。

一個星期後，傑西・聖米格爾（Jessy San Miguel）被處決，因為他在歐文（Irving）開槍打死一名塔可鐘（Taco Bell）的店經理麥可・費倫（Michael Phelan）（他也許還殺死了另外三個人）。當聖米格爾被帶往行刑室時，高牆監獄外面聚集了十來位前來抗議的廢死人士（傑克遜、夏普頓和傑格顯然還有更重要的事要做）。當他躺在輪床上張開雙臂，如同被釘在十字架上時，他說：「不覺得很諷刺嗎？我就像是一座十字架……」

第3章

站在岔路口

「……我們不能剝奪一個人的生命尊嚴，即便他犯下滔天大罪……死刑殘酷且沒有必要。」

——教宗若望・保祿二世（Pope John Paul II）

「我覺得教宗和其他國家只要管好他們自己的事就好。他們應該擔心自己的問題，不要管德州死刑犯的事……。」

——賴瑞・威爾克森（Larry Wilkerson），格蘭・麥金尼斯（Glen McGinnis）一案被害人，莉塔・安・威爾克森（Leta Ann Wilkerson）的丈夫

死刑執行當天，我會在下午五點左右抵達高牆監獄，然後直接走到賴瑞的辦公室；所有的記者都會聚集在那裡。在賴瑞的辦公室裡，有一張大沙發、一張桌子和兩張椅子，其中一張椅子是留給美聯社的邁克・葛拉澤克的（他從一九八四年就開始報導死刑相關新聞）。我會坐在沙發上，聽賴瑞用談話吸引大家的注意。此時，他會把背靠在椅背上，並且把靴子放在他的辦公桌上。

這裡充滿了殘酷的幽默，雖然它們聽起來有點無禮，並沒有不敬的意思。有時候，賴瑞會讓我們一起打賭，試圖預測死刑執行的確切時間。我們會編造一些有趣的頭條新聞，並且想出符合那個情境的歌曲（比方說，賴瑞曾經在一名只有一條腿的犯人被處決之前，製作了一份歌單，其中包含〈依靠我〉〔*Lean on Me*〕和〈你永遠不會獨行〉〔*You'll Never Walk Alone*〕等歌曲。我到現在都還保留著這份歌單）。當我們走進觀刑室時，葛拉澤克會負責逗我笑，因為他知道我其實很害怕。也許這有點不太恰當，但它使我在不知不覺中忘卻心裡的恐懼。

在私底下，我們也會開些玩笑——賴瑞和葛拉澤克把德州監獄體系稱作「自由世界最大的古拉格」[1]（gulag）。

1 「Gulag」在俄語中意指「勞改營管理總局」。後來，古拉格一詞用來通稱在極權統治下迫害人權的集中營、祕密警察等壓制體系。

每當葛拉澤克在撰寫訪談紀錄時，他都會試著加上一句「那位犯人在狹小的探監房裡說……」，只為了惹毛賴瑞。不曾有人談論過死刑實際執行的情況，氣氛也從未變得凝重，因為所有人都知道他們接下來要做什麼事——看著某個人死去，見證他的靈魂離開他的身體。在我接手監獄的工作之前，他們告訴我，他們曾經為此吃過一次虧。那天正好是葛拉澤克的生日，賴瑞帶了一個蛋糕來。一名英國《每日郵報》（*Daily Mail*）的記者在描述這件事時，講得好像沒有人在乎他們要做些什麼，只對開趴有興趣。在那之後，賴瑞就特別留心周遭人等。

”

一開始，考德威爾告訴警方，他意外殺死他的父母親和姊妹。因為在爭吵的過程中，他們都不小心碰到他手裡的刀子。前達拉斯郡助理檢察官安迪・比奇（Andy Beach）說，他們戲稱這段陳述是「神奇刀子的自白」。我們都開玩笑說，考德威爾將會和「神奇針頭」發生激烈的爭執。

——節錄自蜜雪兒的筆記中，對傑佛瑞・考德威爾（Jeffery Caldwell）伏法時的描述

二〇〇〇年八月三十日

對我們而言，死刑執行前，在賴瑞的辦公室裡度過這些時光，是非常珍貴的。因為之後就要工作了。被害人家屬經常選擇召開記者會，在記者會上，電視台記者都會用兩個愚蠢的問題惹火我們。一個是「這是否讓你得到解脫」，另一個則是「你是否覺得正義得以伸張」。此時，我們這些報社記者會面面相覷。我們知道這兩個問題很蠢，因為第一個問題的答案永遠都是「不，這不會讓我們解脫，因為它換不回我們的親人。一切到了尾聲，我們很高興犯人被處死了，但它並沒有改變什麼。」至於第二個問題，它一直都是個是非題。

葛拉澤克也總是問同樣的問題，但他問得高明許多——「你是否慶幸自己來到這裡？」嚴格說來，這也是個是非題。然而，他們幾乎不曾回答「不是」，也從未有人只回答「是」。

”

要像湯米・雷・傑克森殺死我女兒那樣殘暴地處決任何一個人，都是很困難的。他被處死就夠了。不過，我覺得用「老史帕奇」處死他會更好。

——羅傑・羅比森醫師（Dr. Roger Robison），湯米・雷・傑克森一案被害人，羅莎琳・羅比森的父親（傑克森在二〇〇〇年五月四日被處決）。

回到賴瑞的辦公室，我們會先對死刑犯說了什麼遺言達成共識，因為德州刑事司法部的版本時常都是錯的（不只是少了一個字，而是少了一整個句子），再開始撰寫我們的報導。他有看著被害人家屬道歉嗎？他是否不理會被害人家屬，只是自說自話？被害人家屬說了什麼？檢察官又說了些什麼？他最後一餐吃了什麼？

我們都不會認真討論我們剛才看到的一切。賴瑞是監獄體系的發言人，所以不適合把他對死刑的看法告訴任何人。我也不適合談論這個話題，因為身為一位記者，我應該保持中立。當我們把報導傳送出去後，賴瑞、布拉澤爾牧師（賴瑞給他取了個綽號叫「邪惡牧師」〔Sinister Minister〕，簡稱「小邪惡」，因為當布拉澤爾來找你時，你就知道你有麻煩了）和幾名矯正官會一起去喝酒。對我來說，這是很稀鬆平常的事。我通常是現場唯一一個女生，我們會喝「很多酒」（賴瑞都這麼說）。只有布拉澤爾一個人不喝酒。

我們不會喝到很嗨，而是圍坐在一起說故事、取笑對方，並且談論一些死刑以外的事。那時，我是個享受生命的年輕人。有一次，布拉澤爾問我，看著這些人死去是否令我感到困擾。我回答：「不，一點也不。」況且，我覺得沒有人想要深入探討這個問題，因此我從來沒有問過他們是否為此所苦。

賴瑞・費茲傑羅

在我第一次目睹死刑之前，我感到非常不安。如果換作是你，你不會覺得很緊張嗎？在那次死刑執行前，我處於一種鈍感狀態，因為我不知道接下來會發生什麼事。死刑犯會不會激烈抵抗？他會不會想吐？他會不會苦苦哀求饒他一命？

我走進觀刑室，心想：「當我走出這裡時，某個人將會死去。」我看見一位死刑犯躺在輪床上，他來自泰勒郡，名叫小克利夫頓・羅素（Clifton Russell Jr）；化學藥劑發揮作用，然後就結束了。這一切是如此冷靜，就像看著病人在緊急手術中死去。而且速度很快，幾分鐘就宣告結束。

一開始，我的反應是：「就只有這樣嗎？」作為一名記者，我看過人們被射殺或砍傷，相較之下，死刑執行的過程顯得和緩許多。半小時後，我又回到那裡，目睹來自哈里斯郡的威利・威廉斯（Willie Williams）被同樣的方式處死。

那個時候，我們會在半夜開始處決犯人，其中第二次死刑會在凌晨四點左右結束。我回到家，小睡一個小時，然後就必須回到辦公室，以便趕上晨間新聞的播出時段。我覺得自己選錯了工作，竟然要在半夜看著人們死去。幾個月後，他們做了一些改變，所以死刑改在早上六點開始執行。然而，我還是不喜歡目睹處決的過程，那很可怕。我還記得有一位死刑犯是個黑人，但所有觀刑室裡的人都是白人。當時，我心想：「這位黑人被綁在輪床上，他環顧四周，發現這群白人和他四目相接。」這讓我不太舒服。

那段期間，小布希州長批准了許多死刑，而我也成為德州執行死刑的代表人物。對我而言，處決犯人變成了例行公事。在目睹過一堆死刑之後，你幾乎能依此校正你的手錶。大多數被處決的死刑犯很快就變成資料頁上的名字，我卻可以站在那裡，看著某個人的生命被州政府奪走（這是一種極度官僚的行為），走出那個房間，並且忘掉這一切。這深深影響著我。不過，我想這是我目睹處決過程後的一種處理方式。如果我一直背負著目睹死刑的情緒重擔，我應該很快就瘋了。

當我在這裡待了四年之後，我開始對自己的工作心生懷疑。我開始質疑死刑犯的罪行，我根本不該這麼做。然後，我開始想著，我們可能處決了不該處決的人。比方說，我對大衛·史賓斯（David Spence）的案子抱持著疑問。他因為惡名昭彰的韋科湖（Lake Waco）命案（三名青少年在一九八二年被刺死）被處決。史賓斯會被定罪，主要是因為其他犯人的證詞，但各種調查顯示，他和這個案件沒有關聯。此外，我也認為我們處決了一些精神狀況不穩定的人，像是蒙提·德爾克（Monty Delk）。我覺得他有些瘋癲，但執法當局認為他是裝出來的。

站在觀刑室的玻璃後面想著這些事，讓我有種無力感。我能做些什麼呢？我什麼都做不了。這只是我工作的一部分。某個人犯下了謀殺案，當他被處死時，我只是剛好在那裡而已。有一位典獄長曾經跟我說：「只要你目睹過死刑一次，你就再也回不去了。」他是對的，我真的回不去了。

然而，我最大的問題是跟犯人們變得太熟。當死囚室還在艾利斯監獄時，它就像你在好萊塢電影裡看到的一樣。那裡的牢房是有柵欄的，犯人們會「進進出出」（他們都這麼說）。獄方會把牢房門打開，讓死刑犯在舍房內放風。我會坐在他們的床鋪上，跟他們說話。雖然他們都是殺人犯，但我從來沒有感受到威脅。在死囚室裡，我總是感到安心。因為犯人們都知道，我是他們和媒體，以及外界的溝通橋樑。我不是矯正官，也不是典獄長，我和這些人完全不同。

當死囚室還在艾利斯監獄時，獄方會指派工作給犯人，鼓勵他們好好表現。有些犯人負責粉刷油漆，其他犯人則在成衣工廠工作，為矯正官們製作制服。他們只會負責製作制服的一部分，否則犯人們在離開那裡時，都會穿得和矯正官一樣。這間工廠裝有空調，犯人們也可以抽菸、喝咖啡。這裡同時也是一個社交場所。某些德州最惡名昭彰的犯人都在這間成衣工廠工作，那裡擺放著各種工具，但我還是會走進去跟他們閒聊。

他們喜歡我把他們當人看。他們幫我擦亮鞋子，清洗並燙平我的襯衫。當他們幫我剪頭髮時，我會和犯人們坐在一起觀賞《黃金女郎》（*The Golden Girls*）。這些事使他們保持活躍，而且費用低廉。我會在我住的公寓外面放置香菸和辣椒醬，讓負責收垃圾的犯人可以找到。如果有犯人在出獄後沒有錢搭公車，我也會給他一點錢。有位名叫阿諾德·達比（Arnold Darby）的犯人幫我做了靴子。當他在關押三十七年後獲釋，我曾經試著替他安排工作，但他無法適應外界的生活，很快又回到監獄裡。不過，至少我試過了。

死囚室裡有個名叫傑馬爾・阿諾德（Jermarr Arnold）的傢伙，每個獄警都很怕他。他的體型非常魁梧，甚至可以參加國家美式足球聯盟（National Football League，簡稱NFL）的比賽。阿諾德在聖體市（Corpus Christi）殺死了一名珠寶店的店員，他逃到加州，最後被關進鵜鶘灣監獄[2]（Pelican Bay Prison）裡。那是一間惡名昭彰的監獄。阿諾德向警方坦承他在聖體市犯案，因為他以為待在德州死囚室比較安全。事實上，這是一個很糟糕的選擇。

有一次，我坐在普朗斯基監獄的典獄長辦公室裡，他們帶著他走進來。那時，他的手上戴著手銬。他跟我說：「費茲傑羅先生，在和你見面時，他們不需要給我戴上手銬。我很喜歡你。」我們進行了一段美好的對話，氣氛也很融洽。在他們要

2 鵜鶘灣州立監獄位於加州新月市（Crescent City），是全美安全級別最高、最嚴厲險峻的監獄之一。這裡專門關押重刑犯，他們都是危險等級最高的黑幫暴徒，為了避免幫派結黨，近一半的受刑人都採隔離監禁的方式。被隔離的單人牢房裡沒有窗戶，唯一的對外聯繫，只有送餐和解開手銬的窗口，囚犯們連和獄警溝通，都必須透過對講機。對刑期幾十年的囚犯來說，這裡就像是個「活死人墓」。

處死他之前，他要求不能有人看著他離開死囚室，因此獄方告訴我和蜜雪兒要躲在角落裡。在我的印象中，阿諾德死前並沒有受什麼苦。

阿諾德指使一個名叫艾默森・洛德（Emerson Rudd）的傢伙，在艾利斯監獄的操場殺死一名獄友；一支螺絲起子刺穿了他的太陽穴。當艾默森的行刑日排定時，他正位於搜身區內。他們必須把他關進一間狹小的牢房裡，免得他想要攻擊其他人。因為他拒絕離開那裡，獄方對他施以氣體麻醉。哎呀，當他們將他從牢房裡拖出來時，他的皮膚已經呈現紅腫狀態。他們把他綁在輪床上，他看了看四周，並且在望向我時豎起了大拇指。你可以說他有斯德哥爾摩症候群[3]（Stockholm syndrome），隨便你怎麼說，反正我很喜歡艾默森。

犯人們會跟我分享他們父母親和孩子的故事。若是他們想要談論自己犯下的罪行，我一定會坐著聆聽。然而，我絕不會跟別人提起，因為我覺得那不關我的事。我很快就意識到，許多死刑犯即便犯下極其恐怖的罪行，他們還是人。他們過去通常都有嗑藥或酗酒的習慣，他們曾經讓自己身陷惡劣的處境，或是做了糟糕的職業選擇。

一九八三年，卡拉・菲耶・塔克（Karla Faye Tucker）在休士頓用十字鎬殺死了兩個人，那時她因為吸食了安非他命又喝了酒，處於極度亢奮的狀態。當死者的遺體被發現時，那位女孩的胸前還插著一把十字鎬。然而，我喜歡卡拉．菲耶，我也覺得她喜歡我。她是一名重獲新生的基督徒，我絕對相信她的真誠。

我明白「散兵坑裡沒有無神論者」這句俗諺，但她就是有某種靈性。她甚至還和一位監獄牧師結婚。對我而言，她是一個犯了大錯的好人。布拉澤爾告訴過我，曾經有十八名男子跑到他高牆監獄的辦公室裡，然後說：「牧師，請讓我代替她躺在輪床上。」她對人們會產生這種奇妙的影響。我經常說，如果卡拉．菲耶哪天從死囚室獲釋，她可以搬到我家隔壁。

在我來到德州刑事司法部前，蓋茨維爾（Gatesville）的女子死囚室是一個十分封閉的群體，她們不願意接受任何媒體採訪。不過，我讓他們對外敞開大門。法蘭西絲．紐頓（Frances Newton）為我的母親織了一條毯子（她在一九八七年殺死她的丈夫和兩個小孩，因此被判處死刑）。毯子上有著黃色的玫瑰圖案，因為我母親是「德州的一朵黃玫瑰」（Yellow Rose of Texas）。法蘭西絲是個好人，我很喜歡她，

3　斯德哥爾摩症候群又稱為人質情結，源自一九七三年發生在瑞典斯德哥爾摩的一樁銀行搶案。當時被綁架的人質們，居然都沒有人出面指控搶匪，甚至還有人對搶匪產生了戀愛情愫。「斯德哥爾摩症候群」一詞後來延伸指一種創傷羈絆，是被害人對加害人產生情感或同情，甚至認同並幫助加害人的一種情結。

而我也喜歡女子死囚室的大多數犯人。

在卡拉・菲耶要被處決之前，她跟我說：「費茲傑羅先生，你從來沒有對我說過謊。他們今晚要對我做些什麼？」我回答：「他們要殺了你，卡拉・菲耶。」她笑著說：「我知道。」

這是我和她最後的對話。卡拉・菲耶被處決時也是名人雲集，吸引眾多媒體關注。因為她是女性，同時也是一位「鋤頭殺手」。高牆監獄外面聚集了數百名前來抗議的廢死人士，但也有許多人是支持死刑的。當他們得知卡拉・菲耶已經死去時，他們開始高聲歡呼。

卡拉・菲耶的最後一餐是一根香蕉、一顆桃子和一份田園沙拉。她真的不害怕被處死，她踏著輕快的步伐，從走廊走到行刑室裡，因為她確信自己會去一個更好的地方。然而，目睹她被處決讓我非常激動。我很討厭看到她躺在輪床上，那簡直快把我逼瘋了。

一九八四年，詹姆斯・貝薩德（James Beathard）參與了在三一郡（Trinity County）發生的一起三屍命案。他總是聲稱他是無辜的，但對我來說，怎樣都無所謂。在他被處死的那一天下午，我問他能否為他做點什麼。他說：「我實在很想吃些黑櫻桃。」幸運的是，當時正好是黑櫻桃的產季。於是我到雜貨店買了幾磅黑櫻桃，然後我們坐在死亡之家一起享用。幾個小時後，我站在觀刑室的玻璃後面，看著他躺在輪床上。我想起和他之間的對話，以及那些我們共同有過的歡笑；片刻過後，他將會死去。這些被處決的人和我並非素昧平生，他們是我的朋友。

在我加入匿名戒酒會後，我有五年半的時間都不再喝酒。當我在監獄體系工作時，我又開始喝酒，但目睹死刑讓我喝得更兇。在蓋瑞・葛拉罕被處決之後，我喝掉一整瓶蘇格蘭威士忌，然後在回家的路上哭泣。被人們稱作殺人兇手會使你這麼做。

我有兩個精神支柱——威士忌和吉姆・布拉澤爾。布拉澤爾是一個非常善於交際的人，我第一次見到他時就喜歡上他了。我過去常說，我在亨茨維爾度過了大半生，而我最好的朋友是一位浸信會牧師。我的人生就是這麼無趣。然而，「邪惡牧師」是一個很棒的人，而且極其真誠。華納兄弟（Warner Brothers）曾經開出兩百五十萬元美金的價碼，希望能拍攝以他為主題的電視影集，但他回絕了。他不想讓榮耀上帝的工作變得廉價。

有時，我和布拉澤爾會在電話裡聊死刑的話題聊到深夜。這段時間，他會喝著胡椒博士，我則會喝酒。我想，布拉澤爾負責的是最艱鉅的任務。死刑執行當天，他會花三個小時（下午三點到六點）和那名死刑犯在一起，試圖撫慰他的心靈。因為他爽朗率真，而且和犯人們關係十分融洽，使我的工作變得輕鬆許多。此外，他也負責主持某些死刑犯的葬禮，給予監獄工作人員必要的協助。我讓他的情緒得到抒發，他也讓我的情緒獲得紓解。我們為彼此提供建議，只不過，他做得比我稱職。

我還想起一個傢伙。一九八六年，他在奧斯汀刺死兩位女性。那時，他喝了傑克丹尼爾（Jack Daniell's）又吸食了毒品，處於極度亢奮的狀態。我對他犯下的罪行印象深刻，因為這起案件就發生在我到高中上課的那條街上。我不記得他的名字，這令我感到很困擾。我們慢慢地喜歡上對方。當他在牢房裡準備接受處決時，他跟我說：「唉，賴瑞，你知道這是遲早都會發生的事。」

我還記得，音樂人史提夫・厄爾（Steve Earle）和這名犯人有信件往來，死刑執行當天，他也前來見證。但我們並沒有在輪床上聽到搖滾歌曲。該名犯人是一位虔誠的天主教徒，當他躺在輪床上時，他背誦起哥林多前書中的一長串經文來。那段經文的開頭是「我現今把最妙的道指示你們。」他與布拉澤爾和典獄長達成協議，當他佈完道並開始吟唱《平安夜》時，就會施行靜脈注射。

「平安夜，

聖善夜，

萬暗中，
光華射，
照著聖母……」

這就是一個人在德州死去所要花費的時間。在那之後，聖誕節變得不再相同……。

在監獄工作，不是只有目睹死刑，這僅僅是其中的一小部分而已。以亨茨維爾的許多監獄來說，當你早上醒來時，你從來不知道接下來會發生什麼事。會不會有犯人越獄？會不會發生人質挾持事件？會不會有獄警被刺傷或殺害？

我之前的工作是負責報導亨茨維爾市議會相關新聞，那通常都不太有趣。在監獄裡，總是會有瘋狂的事發生。除了各種突發事件，以及犯人因為襲擊獄警而接受審判之外，我也報導行政管理事務。如果德州刑事司法部有新部長上任，我會訪問他，看看他的願景是什麼。

在立法會期期間（此時，德州刑事司法部必須編列預算並討論新舊議案），我會參加在亨茨維爾和德州各地召開的董事會。同一個月內，一場會議可能會在達拉斯，下一場則在麥卡倫（McAllen）舉行（距離達拉斯八、九個小時路程）。德州實在是太大了。

一般來說，在死刑犯的行刑日排定後，我也會訪問他們。有些犯人根本不願意和記者說話。這通常是因為他們不信任媒體，但還有一些犯人是因為律師建議他們不要這麼做。我曾經數次要求採訪貝蒂・盧・比茨；她把她的丈夫們殺死並埋在花園裡，彷彿他們是死去的寵物。她被人們稱作「黑寡婦」。雖然她最後同意受訪，等我開了兩個半小時的車抵達蓋茨維爾的女子死囚室時，她又拒絕見我。她這樣做有點無禮。結果，我第一次看到她，已經是她躺在輪床上的時候。她身材十分矮小，我還記得我當時心想：「她看起來像是一位個子嬌小的老奶奶。等等，她就是個子嬌小的老奶奶……」然而，我從來沒有聽過她說話，因為她拒絕交代遺言。

不過，很多時候，犯人們都會跟我說話。他們有什麼好不願意的呢？他們每天被關在牢房裡二十三個小時，接受訪問是和另一個人近距離接觸的機會，儘管中間還隔了一層玻璃。不只如此，這些絕望的人往往誤以為我們對他們的案子有所幫助。

拿破崙・比茲利（Napoleon Beazley）是我採訪過的死刑犯之一。一九九四年四月十九日，拿破崙和他的幾個朋友，在休士頓北方一百三十英哩的泰勒市劫持一對年長夫婦的車子。當時，拿破崙只有十七歲。他們跟著這對夫婦回家，當他們把車開進車庫時，拿破崙和他的朋友襲擊他們，並且開槍打死那名老先生。老先生的妻子躺在地板上裝死，直到拿破崙和他的朋友開走那輛十年的賓士車為止。拿破崙選錯了被害人；這對夫婦的兒子，是一位名叫小約翰・麥可・路提格（J. Michael Luttig）的聯邦法官。這讓死刑變得勢在必行，至少對扣下扳機的那個人是如此。

拿破崙不僅是高中橄欖球校隊，同時也是班長；他英俊瀟灑，而且有很多朋友。他的父母親在一個名叫格雷普蘭（Grapeland）的小鎮（位於休士頓北方約一百三十英哩）有間很大的房子，在鄰居眼中，他們為人正直。在拿破崙決定殺死約翰・路提格（John Luttig）之前，他似乎擁有幸福美滿的人生。然而，在他犯案後四十七天，也就是他高中畢業兩個星期後（在班上六十名學生裡，他以第十三名的成績畢業），警方循線至格雷普蘭逮捕拿破崙，並依殺人罪將他起訴。隔年，拿破崙被判處死刑。他的兩名同夥，塞德瑞克（Cedric）和唐納・科爾曼（Donald Coleman）做出對他不利的證詞，被判處無期徒刑。

因為拿破崙在犯案時只有十七歲，他這個案子引發了國際關注。在美國，有二十二個州容許處決十七歲以上的犯人，德州就是其中之一（這當中有十七個州容許處決十六歲以上的犯人）。但拿破崙的律師和廢死人士向州長陳情，並向美國最高法院和德州特赦與假釋委員會提起上訴。歐盟、大主教戴斯蒙・屠圖（Archbishop Desmond Tutu）、美國律師協會（American Bar Association，簡稱ABA）、負責主持拿破崙一級謀殺審判的法官，以及拿破崙家鄉的地方檢察官都紛紛為他請命。

國際特赦組織（Amnesty International）指出，目前世界上只有五個國家會處死「青少年」，美國就是其中之一。其他四個國家分別是沙烏地阿拉伯、伊朗、剛果和奈及利亞。拿破崙的擁護者也指出，他沒有任何前科，卻是一個被全白人陪審團審判的黑人。他被求處死刑，是因為被害人的兒子是一位法官。

拿破崙是一個膚色較淺的黑人，這使他覺得自己格格不入——他不夠白，因此在白人群體中感到不自在；他又不夠黑，因此在黑人群體中也感到不自在。有些黑人甚至還因為他淵博的學識，以及他說話的方式取笑他。結果，他開始和一群粗暴的黑人孩子混在一起（他們身上帶著槍，而且有嗑藥的習慣），藉此找尋自己的歸屬感。在拿破崙預定要被處死的幾個星期前，我照例跟他談話。我對他的第一印象是，他能言善道、聰明伶俐，是一個不慎結交損友的好孩子。那時，距離他殺死約翰・路提格已經過了七年。與法院檔案和審判文件的描述相比，他似乎變得截然不同。

我們年紀相仿，他所受過的教育和我也沒有太大差異，但這未必是我同情他的原因。當我還是德州農工大學的一年級學生時，有一名男子跟蹤我們學校的學生、闖進她的公寓裡，並且殺死了她。這名男子為了掩蓋證據，還放火燒了那間公寓。當我在死囚室裡見到他時，他溫文有禮，聊起來不會讓人覺得不自在。但我一點都不替他難過。死囚室裡還有很多伶牙俐齒的人，這和他們的教育程度未必有關——他們多半在讀完八年級後，就沒有繼續升學。有時，我覺得他們根本就在唬我。

他們會告訴我，他們是無辜的，即便所有證據都指向相反的方向。這令我很困擾；我只希望他們承認自己犯下的過錯，不要浪費大家的時間。我明白他們為什麼這麼做，因為他們不想死。然而，拿破崙並非如此。他觀察入微、態度真誠，而且對他犯下的罪行直言不諱。在訪問過他之後，我心想：「若是這傢伙沒有被關在死囚室裡，我們甚至可能成為朋友。」

”

我把被關在死囚室的人想成得了癌症。它一點一點地吞食著你，最後你已經不在乎自己是否活著。也許我會被獲准暫緩行刑，但可能性不大。這就像打高爾夫球時一桿進洞一樣。

——引述自蜜雪兒在《亨茨維爾簡報》對拿破崙・比茲利的報導，二〇〇一年八月十五日我很快就發現，美國以外的所有國家幾乎都覺得，我們還在處死犯人很不可思議。我無法告訴你，我接受過多少採訪，以及有多少關於我的報導（涵蓋了德國、法國、西班牙、澳洲等地），因為我是一位目睹了這麼多死刑的年輕女性。我能立刻辨別這些報導的立場，因為歐洲記者經常使用「殺死」這個字，而非「處決」。這就是他們的觀點，他們認為我們謀殺了一個人，我覺得有必要糾正他們。這使我感到很困擾，因為他們抱持著偏見，而且缺乏同理心。

德國導演韋納・荷索（Werner Herzog）拍過一部電影，講述死囚室裡的生活。雖然他個人堅決反對死刑，他並沒有從這個角度切入。這讓我很喜歡他。他甚至不在乎這些死刑犯是否聲稱自己是無辜的，他只關心他們是否對死刑做好心理準備。我很敬佩他，而他也不是唯一以公正客觀的方式報導死刑的歐洲人。不過，很多歐洲記者並非如此公允。看著他們在訪談室裡把手放在玻璃上，我心想：「可以把你的手拿開嗎？只有家屬才會這麼做。你甚至根本不認識他……」有時候，這會令賴瑞非常惱火。

在蓋瑞・葛拉罕被處決之後，一名義大利女記者跑到他面前，對著他大喊：「死亡文化！死亡文化！」當時，賴瑞站在高牆監獄前面的階梯上，經過如此難熬的一天，他只想回家休息。他過去常跟我說：「這些人來這裡是有目的的，他們應該是記者……」

在拿破崙預定要被處死的幾個星期前，我收到來自世界各地的信件和電子郵件。有些著實令人不寒而慄。有一位來自德國的男子不斷地寫信來。他在其中一封電子郵件裡說，他夢見自己調皮搗蛋，然後被我狠狠地打了一頓屁股。我請監察長辦公室（Office of Inspector General）協助調查，結果發現這位男子在西門子（Siemens）工作，儘管我覺得他應該在其他公司工作時就開始騷擾我了。他甚至打電話到《亨茨維爾簡報》給我父親，想確認我是否已婚；他覺得大衛·萊昂斯（David Lyons）可能是我的丈夫。

但大部分的信件和電子郵件，談論的都是死刑的話題。有些給予支持，但多數都是嚴厲的指責。尤其來自歐洲的信件更是如此。當我收到像是來自瑞典的電子郵件，說我是多麼可怕的一個人時，那讓我不知所措。簡直快把我逼瘋了。我忍了一陣子，然後開始回信，有時甚至有點語帶惡意。那時我還很年輕，缺乏耐心和自制力，但我急切地想要反駁。我回應是為了據理力爭——「你們憑什麼批評我們和我們的司法制度？再說，你又了解德州嗎？」我沒有要妥協的意思，即便我在《亨茨維爾簡報》寫了篇文章捍衛自己的立場時，已經過深思熟慮。我在文中寫道：「你怎麼受得了看著人們死去？」這是我經常被問到的問題。好笑的是，我不覺得這種巧妙的回應方式有讓我舒坦一點。我永遠都無法說，我喜歡看人們嚥下最後一口氣。我會這麼做，是因為那是我的工作。

不只在國外，就連在美國國內，也有人不懂我們在做些什麼。《滾石雜誌》（*Rolling Stone*）曾經刊載了一篇惡毒的文章，其中不僅詆毀了亨茨維爾，也狠狠地中傷了賴瑞。這篇文章的作者把賴瑞稱作「蠢蛋」，更糟的是，他還叫小布希州長解雇他。這名作者則是這樣形容我：「這個德州農工大學的年輕畢業生目睹了太多次死刑，心理應該不太健康。」這種高高在上的態度令我很火大。為了要做得和其他記者一樣好，我拚命努力，結果竟然被他講成這樣。

克莉絲汀・艾曼普（Christiane Amanpour）在為CNN（有線電視新聞網）進行關於拿破崙的大篇幅報導時，她也揮動了手中的戰斧。當時，賴瑞帶她到牢房參觀，並且向她說明，如果死刑犯沒有要求最後一餐，獄方會提供小點心和水果酒，免得他肚子餓。他把它形容成「派對拼盤」，結果艾曼普說：「噢，因為這是場派對嗎？」賴瑞並沒有這個意思。

艾曼普實在非同小可。當她訪問我時，她把我稱作「小毛頭記者」，然後說：「大家不覺得很奇怪嗎？一個年輕女子目睹了這麼多死刑？」這讓我感到憤怒，因為我即便年輕，也有七年的記者資歷。更令我生氣的是，她也是一位女記者，從二十歲出頭就開始報導戰爭相關新聞。我也可以跟她說一樣的話：「你在報導兩伊戰爭時穿著可笑的狩獵夾克（外頭有三百度那麼熱），這樣恰當嗎？」有好長一段時間，只要有人提起克莉絲汀・艾曼普，我就會說：「去你的克莉絲汀・艾曼普！」

二〇〇〇年在德州執行的四十次死刑中，我目睹了三十八次。我錯過了其中兩次，因為我在報導監獄的董事會。我不記得那時有處決太多人的感覺。但那非比尋常，因為我們不曾遇到這樣的事。不過，我比較擔心的是犯罪率太高。

人們都說，所有東西在德州都比較大——這是一個你可以在餐廳點漢堡，然後把漢堡麵包換成甜甜圈的地方。或許這也包含犯罪在內。在德州發生的犯罪案件顯然比美國其他州都來得瘋狂。以麗莎・諾瓦克（Lisa Nowak）為例，她為了攔截一名和她前男友約會的女性，開了九百英哩的車到佛羅里達州。她是一位休士頓的太空人，據說她當時還穿著「太空人穿的紙尿褲」。她是一位非常聰明的女性——她在美國太空總署工作，我的天啊！她在機場的停車場朝這個胡來的小妞噴灑胡椒粉，試圖綁架她。這就是為什麼，賴瑞喜歡在沃斯堡從事電台工作，因為在德州，沃斯堡尤以瘋狂犯罪出名。

在德州，當你下班回家、打開電視收看新聞時，總是會有隨機槍擊案、持刀傷人事件和強暴案的相關報導。它們每天都會發生，非常恐怖。二〇〇一年，我遇過一名目睹了兩次死刑（傑克・韋德・克拉克〔Jack Wade Clark〕和阿朵夫・赫南德茲〔Adolph Hernandez〕）的女性。因為在兩起無關的案件裡，克拉克殺死了他的女兒，赫南德茲則殺死了她的母親；這兩起案件發生在一年之內。這些死刑代表犯罪層出不窮。

除此之外，在美國，犯罪案件在報紙和雜誌的專題報導、網站、紀錄片和電影裡都極為詳實地呈現，其涵蓋範圍廣泛、內容龐雜。舉例來說，我的辦公室裡掛了一張《鐵幕疑雲》的劇照海報。有一天，一位電視台記者走進來說：「哇！是大衛・蓋爾耶！我記得那個案子。那是一樁龐大的案件，沒有什麼能和它相提並論了。」我點了點頭，然後看看她是否為之瘋狂。因為《鐵幕疑雲》的劇情完全是虛構的，而海報上的男人是演員凱文・史貝西。

這並不代表目睹死刑已經變得平凡無奇；看著某個人逐漸死去，他的靈魂離開了他的身體……這一切永遠不可能變得平凡無奇。然而，德州經常處死犯人，技術嫻熟，戲劇性自然降低許多。靜脈注射不像絞刑、槍決或「老史帕奇」那麼激烈。在德州，處決死刑犯的過程十分冷靜，甚至還有特定的禮儀——牧師會把手放在犯人的膝蓋上，典獄長則會確保枕頭穩妥地擺放在輪床上。

二〇〇〇年六月十二日，在湯瑪斯・梅森被處死之後，我在筆記裡寫下：「他躺在那裡，如同在搖椅上睡著的老人，嘴巴微微張著。」梅森看起來像我的祖父，彷彿在傍晚小睡片刻般安詳。

因此，關於這些死刑的記憶會漸漸地融合在一起。當你處決這麼多犯人時，它們大多數都不再是大事。蓋瑞・葛拉罕也許讓世界各地的報章雜誌產出了幾十萬字的報導，但是二〇〇〇年十二月六日，當丹尼爾・希特（Daniel Hittle）被處決時（他在達拉斯殺死了一名警察和其他四個人，其中包含一個四歲的孩子），沒有任何一個達拉斯的記者前來見證他的死。就像有一次賴瑞說：「某一天，外頭擠滿了人，他們高喊著他們的訴求，感覺糟透了。然後下一次，我可以在街上發射大砲，連半個人都不會被擊中。」

當傑克・韋德・克拉克在二〇〇一年一月九日被處死之後，我在筆記裡寫下一行字，簡短地敘述他的罪行就結束了。這是我最後一次寫下行刑筆記。我是一個有條不紊的人，對很多事都有詳細的記錄。我想，行刑筆記使我得以將死刑的事和生活的其他部分區分開來。但我可能在不知不覺中發現，即便是重新回顧我對死刑的種種感受，並將它們寫下來，都是很危險的。這就如同我站在岔路口，決定選擇一條比較安全的路走。

有段時間，我把自己的想法都埋藏在內心深處的某個角落；我並沒有事先把它們整理好，而是將它們揉成一團後丟進去。就我的工作而言，我怎麼想不重要，唯一重要的是死刑犯如何躺到輪床上，以及他躺在那裡時發生了什麼事。我為《亨茨維爾簡報》寫的無聊文章，寫的就是這些東西。沒有人認為目睹這麼多死刑會對我造成影響，所以沒有人覺得需要關心我的心理狀態。甚至過去連我自己都不認為，目睹這麼多死刑會對我有什麼影響，我以為我完全沒有問題。

© 達志影像

▲自一九二四年起，德州所有的死刑都在亨茨維爾高牆監獄的行刑室裡執行。一九二四至一九六四年，有三百六十一名犯人被以電椅處死。一九八二年之後，靜脈注射則成為處決犯人時的首選。

▼行刑室是一間狹小的房間，裡面的空間只比一張輪床再大一點。死刑犯頭部的右側是觀刑室，死刑犯家屬、被害人家屬，還有記者和監獄員工會在這裡目睹死刑執行。我對這裡的一切十分熟悉。

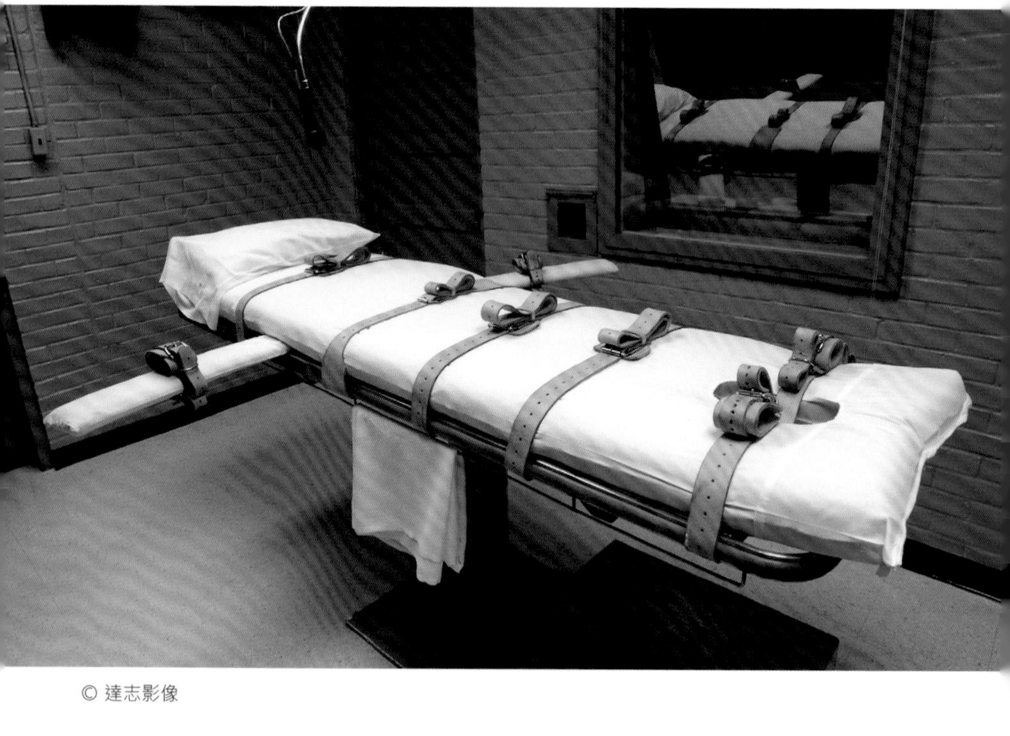

© 達志影像

Ex 10-1-98

Name: Javier Cruz **D.R. #** 999061

DOB: 9 / 13 / 57 **Received:** 4 / 30 / 93 **Age:** 35 **(when rec'd)**

County: Bexar **Date of offense:** 6 / 7 / 91
7 14 91

Age at time of offense: 33 **Race:** Hispanic **Height:** 5-7

Weight: 208 **Eyes:** brown **Hair:** black

Native County: Webb **State:** Texas

Prior Occupation: feed store clerk **Education level:** 9 years

Prior prison record:
TDCJ #387174, rec. 11/16/84 from Bexar Co., 5 years, poss. of heroin, paroled under mandatory supervision to Bexar Co. 4/24/85, returned as MS violator w/o new charges 12/18/87, paroled under MS 3/18/88, returned as MS violator w/o new charges 1/10/92, bench warrant to Bexar Co. 3/9/92 returned with death sentence.

Summary: Convicted in the strangulation murders of Louis Menard Neal, 71, and James Michael Ryan, 69, at the victim's homes in San Antonio. Neal was gagged and his hands bound behind his back with a sock before he was beaten with a hammer and strangled with a bathrobe belt. His decomposing body was found hanging by the neck from a towel rod inside his North Alamo Street apartment five days after the June 7, 1991 murder. Ryan's nude body was found inside his Mandalay Street residence the day after his July 14, 1991 murder. He also had been strangled and his television and automobile stolen. Cruz's accomplice later told police that they sold the tires off of Ryan's Cadillac to buy heroin. Cruz was arrested in the murders on Oct. 22, 1991.

Co-Defendants:
Antonio Omero Ovalle, H/M, DOB: 6/25/61, Rec. 2/3/93 #633446. Agreed to testify against Cruz and plead guilty to murder, agg. robbery and attempted burglary in exchange for two consecutive life sentences.

Race of Victim(s):
One black male (Neal) & one white male (Ryan)

▲哈維爾・克魯茲在一九九八年十月二日被處死，這是我第一次目睹死刑。身為一位記者，我必須把處決過程記錄下來；看著克魯茲死去並沒有讓我感到困擾。當時我二十二歲，我支持死刑。

由德州刑事司法部提供

EXECUTION RECORDING

OFFENDER: Beazley, Napoleon #999141

EXECUTION DATE: May 28, 2002

TAKEN FROM HOLDING CELL	6:01	TIME
STRAPPED TO GURNEY	6:02	TIME
SOLUTION FLOWING	6:04	RIGHT HAND/(ARM)
	6:04	LEFT HAND/(ARM)
LAST STATEMENT	6:07	TIME
LETHAL DOSE BEGAN	6:08	TIME
LETHAL DOSE COMPLETED	6:12	TIME
PRONOUNCED DEAD	6:17	TIME

UNUSUAL OCCURRENCES: ______________________

▲在被准予暫緩行刑一次後，拿破崙在二〇〇二年五月二十八日被處決。當他在輪床上死去時，我正在觀刑室裡寫筆記。這一天對我和賴瑞來說，都非常難受。

由德州刑事司法部提供

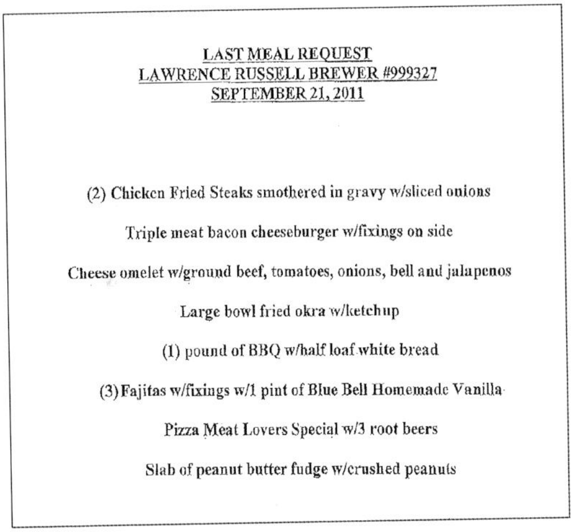

LAST MEAL REQUEST
LAWRENCE RUSSELL BREWER #999327
SEPTEMBER 21, 2011

(2) Chicken Fried Steaks smothered in gravy w/sliced onions

Triple meat bacon cheeseburger w/fixings on side

Cheese omelet w/ground beef, tomatoes, onions, bell and jalapenos

Large bowl fried okra w/ketchup

(1) pound of BBQ w/half loaf white bread

(3) Fajitas w/fixings w/1 pint of Blue Bell Homemade Vanilla

Pizza Meat Lovers Special w/3 root beers

Slab of peanut butter fudge w/crushed peanuts

▲二〇一一年，當勞倫斯 · 布魯爾預定要被處死時（十三年前，他在賈斯伯參與小詹姆斯 · 伯德一案），因為他要求了極為豐盛的最後一餐，使得這項實行了數十年的傳統被迫廢止。

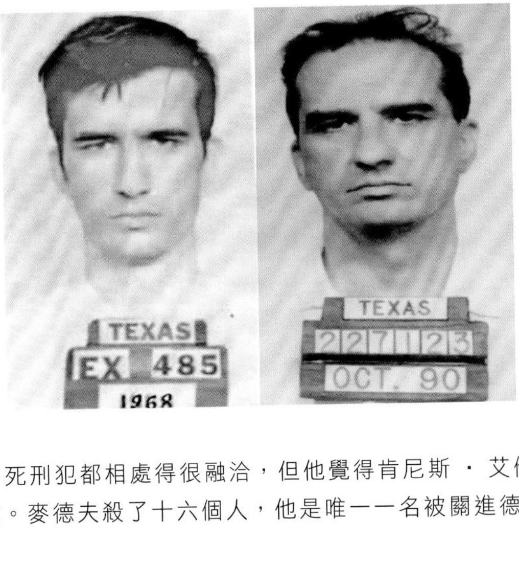

▲賴瑞和許多死刑犯都相處得很融洽，但他覺得肯尼斯 · 艾倫 · 麥德夫是個衣冠禽獸。麥德夫殺了十六個人，他是唯一一名被關進德州死囚室兩次的犯人。

Send unique, personal greetings with *Happy Horse* cards by Billy Hughes, Jr.

EXCLUSIVE MAIL-ORDER OFFER — NOT AVAILABLE ELSEWHERE!

FEATURING REPRODUCTIONS OF ORIGINAL DRAWINGS

BY ARTIST BILLY G. HUGHES, JR.

PRINTED BY THERMOGRAPHY, THE SHINY BLACK ARTWORK
CONTRAST UNIQUELY WITH THE SNOW-WHITE ENVELOPES.

HOW TO ORDER: FOR A PACKET OF 24, SEND $15.00
FOR A PACKET OF 12, SEND $ 8.00

YOU MAY SPECIFY AN ASSORTMENT OF ALL FOUR DRAWINGS,
OR YOU MAY REQUEST A PACKET OF JUST ONE OR TWO DRAWINGS.

PLEASE SEND: ____PACKS OF 24— __ASSORTMENTS __HC401 __HC402 __HC403 __HC404
____PACKS OF 12— __ASSORTMENTS __HC401 __HC402 __HC403 __HC404

NAME________________________________ AMOUNT ENCLOSED $______

ADDRESS____________________ CITY__________ STATE_____ ZIP______

MAKE CHECKS PAYABLE TO: CORONA GRAPHICS, 472 WICKER WAY, BURLESON, TX 76097

▲犯人可能會死囚室裡待上數十年。小比利・休斯是我為《亨茨維爾簡報》採訪的第一位死刑犯，他在入獄服刑的二十四年裡，一直非常忙碌——他取得兩個學士學位、將書籍翻譯成盲文，並且經營賀卡生意。

© Michelle Lyons

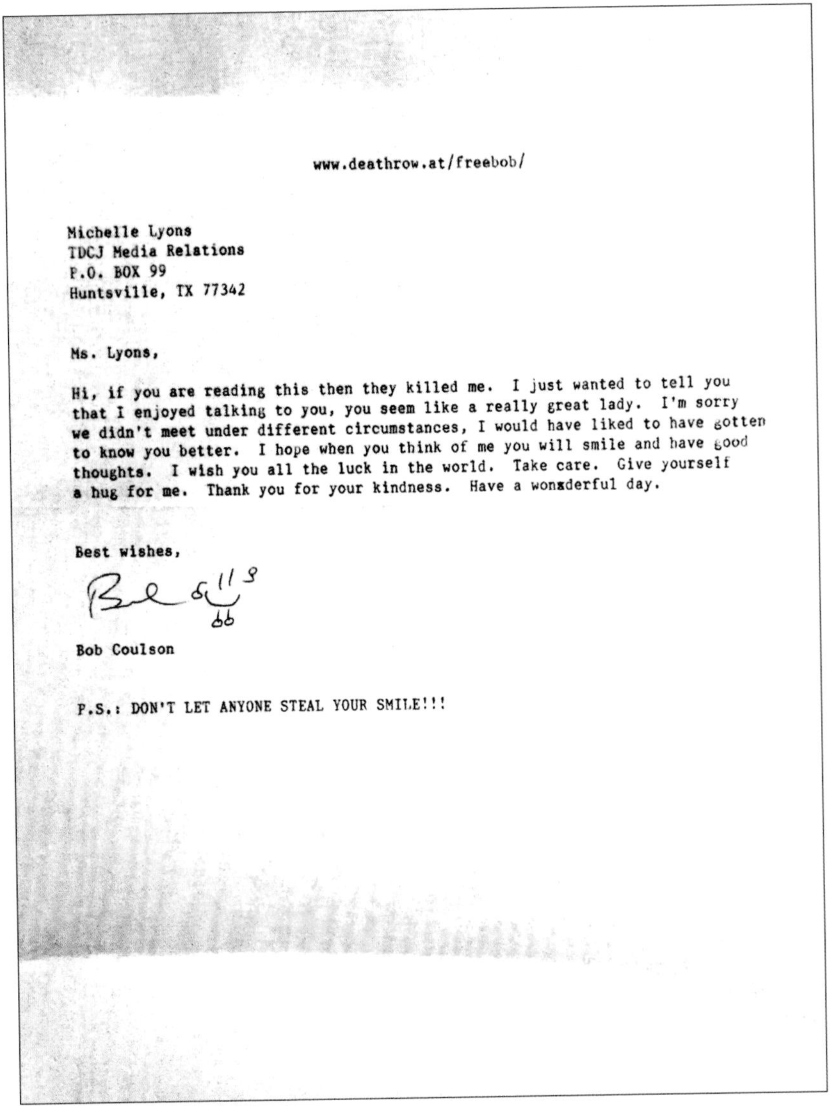

www.deathrow.at/freebob/

Michelle Lyons
TDCJ Media Relations
P.O. BOX 99
Huntsville, TX 77342

Ms. Lyons,

Hi, if you are reading this then they killed me. I just wanted to tell you that I enjoyed talking to you, you seem like a really great lady. I'm sorry we didn't meet under different circumstances, I would have liked to have gotten to know you better. I hope when you think of me you will smile and have good thoughts. I wish you all the luck in the world. Take care. Give yourself a hug for me. Thank you for your kindness. Have a wonsderful day.

Best wishes,

Bob Coulson

P.S.: DON'T LET ANYONE STEAL YOUR SMILE!!!

▲羅伯特・庫爾森因為殺死自己家族的五名成員，以及一個尚未出生的胎兒，被判處死刑。這封信語調相當親切；在讀到這封信幾天前，我才剛看著他在輪床上死去。

▲我和賴瑞在一家我們很喜歡的小酒吧（dive bar），度過美好的夜晚。賴瑞是我的導師，他教會我成為優秀的發言人必須做到的每一件事。他也是一個很棒的人，我非常想念他。

▲當我還在大學就讀時，我就開始擔任警政記者的工作。一九九八年，我加入《亨茨維爾簡報》，和我的父親一起工作。我一直對犯罪案件深感興趣；其他地方的犯罪都沒有德州來得誇張、瘋狂。

第4章

這就是賴瑞

「上一次我們把某個人燒死在火刑柱上是什麼時候？那已經太過久遠了！讓它在星期天早上的節目中播放……在這個極度病態的國家，你不覺得會獲得很高的收視率嗎？他媽的！你讓人們不去教堂，跑來看這東西！」

——美國喜劇演員喬治・卡林（George Carlin）

「我說我要講個笑話……」

——派崔克・奈特（Patrick Knight）的遺言（他在 2007.6.26 被處決）。

我喜歡當記者，過去從來沒有想過我會離開新聞業，即使操得要死，錢又很少。因為我在《亨茨維爾簡報》很努力工作，寫了一大堆深度專題報導，其中有很多都被美聯社選中並放到網路上，結果換來幾家比較大的報社，像是《博蒙特企業報》（*The Beaumont Enterprise*）、《韋科先驅論壇報》（*Waco Tribune-Herald*）和《加爾維斯敦日報》（*Galveston Daily News*）的工作機會。不過，我還是留在《亨茨維爾簡報》，因為我希望，如果我持續撰寫深入的監獄相關報導，最後可以到像是《休士頓紀事報》[1]（*Houston Chronicle*）或《達拉斯晨報》（*The Dallas Morning News*）這種非常大的報社工作。

然後，二〇〇一年接近年底時，一個德州刑事司法部發言人的工作機會出現了。當時，山姆休士頓州立大學和一家保險公司都錄取了我。雖然那兩份工作的薪水比較多，它們都引不起我的興趣。只有德州刑事司法部這份工作會讓我想離開新聞業，因為對我來說，監獄是如此吸引人。

他們給了我當記者時的兩倍薪水，這對我幫助很大。我跟賴瑞成了十分要好的朋友，也和他的上司拉里・陶德變得很熟。

1 《休士頓紀事報》是美國德州發行量最大的日報，同時也是全美發行量第九大的報紙。

當我還在《亨茨維爾簡報》工作時，陶德和費茲傑羅安排我造訪德州各地的監獄，報導監獄產業的相關新聞，他們也常跟著我一起去。德州監獄非常擅長做一件事，那就是教導犯人職業技能，特別是當他們快要被釋放時更是如此。在某間監獄裡，犯人們會在車庫內修理校車。校車會從德州各地運送過來，犯人會學習汽車修理與車體美容，把它們修得跟新的一樣。有些犯人會學習如何修理並重新組裝舊電腦，這些電腦修好後，會被送到德州低收入戶較多的學區。

有一間床墊工廠，為所有犯人和州立大學（包含德州農工大學）的學生製作床墊；我睡的床墊就來自這間工廠。當我把它搬回家時，我開始想著：「要從監獄逃走有個妙招，你知道是什麼嗎？那就是把自己縫進床墊裡……」這是我睡過最好的床墊，但前幾個星期，我不停地幻想著半夜有人切開床墊後跳出來，並且攻擊我。

在某間監獄裡，他們為盲人製作盲文書籍；在另一間監獄裡，他們則製作玩具。只有在德州刑事司法部從事新聞工作，你不想吸引大批媒體關注。因為在監獄裡，通常只有壞事發生時，才會引起媒體的注意。但這些都是正面的報導，我在訪談中特別強調，我們必須以更積極正向的態度來報導新聞。

陶德有電視圈的資歷，費茲傑羅有廣播界的資歷，因此他們想要一位撰稿人。他們想要找年輕一點的人，而且最好是女性。此外，如果應徵者會說西班牙語，會有很大的幫助。因為我母親的家族是希臘和西班牙後裔，雖然我的西班牙語講得不是很好，我大概都聽得懂。他們為了我量身訂作適合我的職務內容，並且認為我在面試中表現突出。二〇〇一年十一月，我清空了我在《亨茨維爾簡報》的辦公桌，開始在德州刑事司法部的新職務。

幾個星期後，費茲傑羅說：「我要帶你去伯德監獄（Byrd Unit）。你一定要看看犯人的分級過程，很多人都會問我們相關問題。」伯德監獄是亨茨維爾對犯人進行分級篩檢的地方，也是男性犯人入監服刑的第一站。我們到了那裡，和典獄長見過面之後，我跟著賴瑞穿過走廊。我聽見嘩啦啦的水聲，突然間，我被四十個一絲不掛的男人包圍，他們正在淋浴，準備穿上囚服。賴瑞看著我笑了起來。我瞪了他一眼，稍微搖了搖頭，心想：「你這該死的傢伙。」我表現出不受影響的樣子，但這當然讓我很困擾。我被四十個有潛在危險，而且全身光溜溜的男人團團包圍。我嚇得哪裡都不敢看，免得有人指控我死盯著他的生殖器瞧。賴瑞老愛測試我，他喜歡看我感到彆扭。

接下來，他帶我走過艾斯特勒監獄（Estelle Unit）高安全級別大樓裡不同等級的管理隔離區。管理隔離區關押的是最兇殘的死刑犯，以及那些有異常行為的犯人。管理隔離區裡的犯人每天被關在牢房裡二十三個小時，和其他獄友鮮少有互動的機會。大部分的黑幫成員都被關在第一級的區域，那裡可以確保他們自身的安全。這個區塊的牢房安靜得嚇人。第二級的區域比較吵鬧，至於第三級，根本就是一場夢魘，那是我在監獄裡看過最可怕的地方。賴瑞帶我參觀監獄的這一天，有一名犯人正在牢房門上的窗戶塗滿他的排泄物（我認為那是他自己的排泄物）。

賴瑞也叫我吃過「懲罰麵包」。如果犯人們開始調皮搗蛋，把食物丟來丟去，他們就會受到這種懲罰。基本上，懲罰麵包是用各種食物混合成的一團東西。它營養豐富，但吃起來完全沒有味道，就像是乾巴巴的玉米麵包，需要加很多鹽巴。他說我一定要吃，免得有記者問我它嘗起來如何。這當然是鬼扯。他總是做這種事，有種淘氣的幽默。

賴瑞雖然童心未泯，但也非常聰明，我覺得他把我視為志同道合的朋友。他給我取了個綽號叫「小賴瑞」。我跟他說：「我會跟你去酒吧，但我不會喝蘇格蘭威士忌，或是抽無濾嘴香菸。而且，我肯定沒有留鬍子。」我最喜歡的詩人是桃樂絲・帕克（Dorothy Parker），在亨茨維爾，知道她的人並不多。賴瑞馬上就知道了，他有時也會叫我「帕克小姐」。其他時候，他會叫我「補釘」。這是克拉倫斯・卡特（Clarence Carter）的一首歌，裡面有句歌詞是：「過去我衣衫襤褸，人們都叫我『補釘』。」賴瑞跟我說：「你的衣服破破爛爛，所以我要叫你『補釘』。」這實在有點過分，但說這句話的人是賴瑞，所以我喜歡。

在徹夜狂歡之後，他會寄電子郵件給我，形容他宿醉的狀況：「天啊！我嘴裡的味道都快把人熏死了。」十分好笑。他還喜歡突然用一些冷僻艱深的字。因為我從來不會假裝我知道這些字的意思，他必須自己告訴我，這使他覺得很開心。他熱愛文字，我發誓他常坐在電腦前查詢生字，這樣他就可以拿來考我。

賴瑞・費茲傑羅

這份工作充滿了殘酷的幽默。當你像我們一樣目睹過這麼多死刑時，你的周遭也會變成這樣。當某位死刑犯正準備要反抗時，一位矯正官跟他說：「你不會想要反抗的，因為如果你這麼做，你就會破皮流血。」我覺得這是我聽過最好笑的一句話——這傢伙都快要死了，他還會在乎自己是否破皮流血嗎？

獄警時常講出很好笑的話。有一天，當我在死囚室樓上時，戒護主管跟我說：

「嘿，我們現在要帶布魯爾到醫務室，你要回來看一下嗎？」一九九八年，三名白人至上主義者因為在賈斯伯（Jasper）殺死一個名叫小詹姆斯．伯德（James Byrd Jr）的黑人被判處死刑，勞倫斯．布魯爾（Lawrence Brewer）是其中一人。布魯爾、尚恩．貝瑞（Shawn Berry）和約翰．威廉．金恩（John William King）讓伯德在一輛小貨車（pick-up truck）後方拖行了三英哩，他身首異處，遺體被丟棄在一座非洲裔美國人公墓前面。這並不是什麼有趣的事。不過，當布魯爾走進醫務室，他們告訴他接下來要做些什麼時——他將進行身體檢查，他們要拍下他身上的刺青，再給他打幾針……他說：「噢，天啊！我討厭打針！」然後，獄警說：「兄弟，你來錯地方了。」

雷斯利．哥許（Lesley Gosch）和他的同夥因為綁架過程出了差錯，殺死了一位銀行總裁的妻子。他戴著極為厚重的眼鏡，看起來就像可樂瓶的底部。他沒有戴眼鏡時根本就是個瞎子。但典獄長自作聰明，決定在他被處決的那天晚上摘掉他的眼鏡。在化學藥劑發生作用後，典獄長請醫生來確認他是否還有生命跡象。此時，他們會掀開死刑犯的眼皮。結果，當那名醫生這樣做時，其中一隻眼珠掉了出來。他在半空中接住那隻眼球，再把它塞回眼窩裡。在那之後，他氣沖沖地跑進典獄長辦公室，大聲咆哮：「為什麼沒有人告訴我，這位犯人戴了一隻玻璃假眼珠？」

還有另一名被處決的男士，他是一個衰老虛弱的黑人，長年被關在死囚室裡，都沒有人來看過他。也許所有和他有關聯的人都已經死了，或者他們根本不在乎。因此，最後觀刑室裡只有我和葛拉澤克。這名老人的遺言顛三倒四，我們甚至無法拼湊出他在說些什麼。然而，當化學藥劑開始流進他的體內時，他用力拉扯輪床上的束帶，接著大吼了一聲：「牛仔們怎麼樣了？」轟，他就這樣死了。達拉斯牛仔（Dallas Cowboys）前一天晚上正好有比賽，最後反敗為勝。我和葛拉澤克對看了一眼，忍不住笑了出來。

一九七五年，約瑟夫・福爾德（Joseph Faulder）在格萊德沃特（Gladewater）發生的一起搶案中，殺死了一位年長的婦人。因為福爾德是加拿大公民，他提起了許多次上訴；他被關在死囚室裡近二十五年。福爾德和我處得很好，當他在行刑前的最後一刻被准予暫緩執行時，為了告訴他這個好消息，我急忙從辦公室跑到死亡之家。當我衝進去時，布拉澤爾問我在做什麼。我說：「福爾德，你被獲准暫緩行刑了！」他聽了之後回答：「太好了！」

我接著說：「福爾德，你在這裡多久了？已經二十年沒有人這樣問了。」在一陣沉默後，他說：「讓我這樣問你好了，費茲傑羅先生，你的生日是什麼時候？」我把我的生日告訴他，然後他說：「嗯，這樣說如何？你比我還老耶，真糟糕……」

我們倆和布拉澤爾都笑了。「邪惡牧師」非常嚴肅看待他神職人員的工作，但笑聲對我們來說同樣重要……。

在約瑟夫・福爾德被處死之前，賴瑞打電話給我，要我接受一家加拿大電視台的專訪。訪問我的是一位年輕小姐；我在訪談中深入探討死刑的精神層面。然後，她說：「我想問你最後一個問題。我聽說你在亨茨維爾的「黃色小鴨」（Rubber Ducky's）有堅強的服事陣容。你願意跟我們說明一下嗎？」

「黃色小鴨」是鎮上一家情趣用品店。我紅著臉說：「你有跟那個變態費茲傑羅講過話嗎？」這位年輕小姐放聲大笑。

在訪談的過程中，我突然聽見一個巨大的聲響。我以為是這位小姐，而她也以為是我。幾分鐘後，我又聽到另一個活靈活現的聲音。等到第三次時，我忍不住說：「你看吧，不是我。」她接著說：「嗯，也不是我。」於是我把椅子翻過來，發現底下用膠帶黏了一個放屁箱。我彷彿可以聽見賴瑞在他的辦公室裡笑到快死掉的聲音……。

——前亨茨維爾監獄牧師吉姆・布拉澤爾

後來，我聽了一些賴瑞年輕時的故事。那時的他像風一般狂野。當他還是個學生時，他在他車子的後車廂裡鑽了個洞、放滿冰塊，然後開車到處賣酒。賴瑞老愛跟我說：「有好幾個星期，學生們都在我那該死的車前面排隊。」此外，當房東准許他重新翻修他的公寓時，他把整間公寓（連同窗戶）全部漆成黑色。

賴瑞是一個熱愛搖滾音樂的傢伙，收音機裡播放著六〇、七〇年代的歌曲；他有著自由奔放的靈魂。但他非常認真看待他在德州刑事司法部的工作，而且做得很好。賴瑞明白記者想要什麼，他仔細教導我如何成為一名新聞室官員。他知道我們必須告訴記者多少東西；他認為資訊應該要公開透明。一九九八年，當卡拉・菲耶・塔克被處決時，她是二十世紀以來，第一個在德州被處死的女性。當時，典獄長謊報她的行蹤，他也這樣向媒體說明。賴瑞發現這件事後勃然大怒。記者們都預期賴瑞會告訴他們真相，典獄長卻害他信譽受損。賴瑞很清楚我們不能說謊，但他從來不會把所有事都告訴媒體。他過去常自稱我們是「稱職的祕密保守者」。

因為他把工作處理得很好，記者們都非常尊敬他。有很多事如果換作是其他人，可能早就被開除了，他卻不受責罰。你會一直聽到人們說：「這就是費茲傑羅……」他很討厭某位義大利記者，甚至到了鄙視的程度。每次賴瑞看到他時，就會對他比出中指。這時候，其他記者都在看。我確信賴瑞也叫他「混帳東西」，因為這是他最喜歡拿來罵人的話。

曾經有兩名法國記者為了某一次死刑來到鎮上，那時正好下起雨來。當他們問賴瑞哪裡可以躲雨時，他回答：「別再抱怨了，這可能是你們十年來第一次洗澡。」我一聽，心想：「賴瑞！你會給我們惹來麻煩的！」監獄裡禁止吸菸，但他時常幫即將被處決的犯人夾帶香菸。即便公務車內不能抽菸，因為賴瑞是個大咖，他菸灰缸裡的無濾嘴香菸總是多到滿出來。這些新規定對他並不適用。

有一次，一起越獄事件發生時，賴瑞和監獄體系的頂頭上司——德州刑事司法部長，以及其他高層官員正在車子裡。為了買水和小點心，他們把車停在一家便利商店前面。結果，賴瑞買了一手啤酒回來。他並沒有把酒分給大家，而是自己在後座喝了很多瓶。令我印象深刻的是，部長竟然一句話都沒有說。大家都接受賴瑞就是這樣。還有一次也很妙——每個人都在辦公室裡抽菸，辦公桌上還放著一瓶瓶蘇格蘭威士忌，而且大家都用自己的方式做事。賴瑞不能被約束，他們不會試圖這麼做，因為他實在是太棒了。

賴瑞・費茲傑羅

除了尊重犯人之外，我最主要的職責是應付媒體，就這麼簡單。每當聽到有人說：「你只是監獄體系的傳聲筒罷了」，我都會感到很錯愕。不會吧？這是我的工作。我明白記者需要什麼，我會盡可能開誠佈公，為他們提供協助。沒有人逼我這麼做，我只是把真相告訴他們而已。這就是記者們喜歡我的原因。即使情況變得有點危急——當有人質挾持事件、越獄事件或暴動發生時，我總是想著：「此時媒體想要些什麼？我要如何讓他們了解實際狀況？」

有一次，在聖安東尼奧南方一個名叫迪利（Dilley）的小鎮發生了一起事件。那是一場監獄暴動或騷動（我們喜歡這樣稱呼它）當時，所有聖安東尼奧的媒體都立刻予以報導。一開始的那些報導簡直是糟透了。他們說，警衛的制服被偷走了。犯人們闖進了槍械庫，引發激烈槍戰。因此，我必須掌控整個情勢。隔天，我帶電視台工作人員進到監獄裡，讓他們看看實際破壞的狀況。他們非常驚訝，他們原本以為只會在監獄外面拍攝，沒有想到我卻帶他們進來參觀。突然間，這變成了一則對監獄體系有利的新聞報導。「是的，突然發生了一場騷動，但看看我們處理得多有效率。」

還有一次，一位記者深信我們讓犯人在倉庫工作時抽菸。最後，我跟他說：「我告訴你，我要把倉庫門打開，你可以自己看個清楚。」當有傳聞說，犯人們都在裝有空調的牢房裡養尊處優時，我也做了同樣的事。我們德州刑事司法部的工作準則（至少我在那裡時是如此），是誠實坦率。

如果監獄裡發生了什麼不好的事，我們會先把美聯社找來，接著再把德州廣播網（Texas State Network）也找來。他們在全美各州中，是最大的廣播網。我們寧可先把實際情況告訴媒體，即便有點小瑕疵也無妨，總比讓他們自己跑來要好。這就是我們應付媒體的方法。這樣一來，就不會只處於守勢。我們為什麼要隱瞞？社會大眾必須知道這些事，我認為欺騙他們是不對的。我過去經常想起尼克森總統和水門案——掩蓋事實比犯罪本身更糟糕。當然，誠實意味著某些不好的事會被揭露出來，但至少你誠實以對時，你還能掌控住局面。

老實說，這主要是因為道德上的考量——處死犯人是一種極度官僚的行為，而媒體使社會大眾得以檢視監獄體系的內部運作。因此，我總認為，最好的做法就是讓媒體進到監獄裡，盡可能地採訪死刑犯。我覺得讓社會大眾了解他們，以及他們在死囚室裡的生活，對每個人都有好處。而且，犯人也有機會改變人們對他們的看法。除此之外，當他們在輪床上死去時，也必須有媒體在場見證。我們盡量不拒絕任何人的要求，因為社會大眾有權知道我們有好好做事。不只是在德州，在全世界都是如此。

死刑執行當天，若是媒體席空無一人，我會感到很困擾。我認為人們應該對這件事多點關心。州政府正在奪走某個人的生命，但大多數人都對此渾然不覺。即使在亨茨維爾，也有一些死刑是悄悄執行的。有時候，死刑犯在輪床上死去，卻沒有登上《亨茨維爾簡報》的頭版。在卡拉・菲耶被處決幾個月後，我們處死了一個名叫強尼・派爾斯（Johnny Pyles）的傢伙。一九八二年，他在森尼韋爾（Sunnyvale）開槍打死一名副警長，雖然他聲稱那是出於正當防衛。

派爾斯在艾利斯監獄是負責粉刷油漆的，我過去會站在走廊上跟他聊天。他會靠在矮牆上，談論宗教的話題。我深信他已重獲新生，就像卡拉．菲耶一樣。然而，和卡拉．菲耶不同的是，他被處決時沒有任何人出現。這令我很難受。

在暫停執行死刑（moratorium）近十年之後，德州在一九八二年處死了第一位犯人。那時，監獄外面聚集了數百人；抗議群眾點燃蠟燭，大學生痛快地喝著啤酒、高聲歡呼，並且揮舞著手中的標語。我還記得，當羅納德．克拉克．歐布萊恩（Ronald Clark O'bryan）在一九八四年被處決時，人們紛紛穿上萬聖節的服裝。並不是因為那天是十月三十一日，而是因為歐布萊恩在萬聖節糖果裡下毒，殺死了他的兒子。我覺得比起人們想要藉此狂歡，廢死人士現身抗議是一件很棒的事。至少他們在乎。

德州刑事司法部部長韋恩．史考特（Wayne Scott）對媒體非常了解，他明白，如果記者不理解監獄裡發生了什麼事，我們必須自己找出答案，提供給他們正確的資訊，讓他們做任何想做的事。若是我們在各方面都誠實地面對他們，他們也比較容易相信我們。

我和蜜雪兒第一次正式見面，是在龐猜．威爾克森和霍華德．古德瑞挾持人質的時候。我看著這一切發生。史考特一度問我：「龐猜和霍華德知道你是誰嗎？」我說他們知道，接著史考特說，他希望我把龐猜引誘到柵欄邊，我想這樣他們就可以把他帶出牢房。正當我準備這麼做時，史考特突然改變了心意。我很高興他這麼做。如果我照他的話做，我的工作可能就飛了。因為我不該和任何犯人扯上關係。

還有一次，在龐猜被處死之前，他的父母親來看他，但他不肯離開牢房。我和布拉澤爾到他的牢房前勸他出來，這樣他才能向家人道別。然而，他始終不為所動。德州刑事司法部的規定是，在對犯人施以氣體麻醉前，你應該給他三次警告。我可以坦白告訴你，我根本沒有聽到任何警告。突然間，轟地一聲！到處都瀰漫著麻醉氣體；現場的工作人員只有我和「邪惡牧師」沒有戴面罩。我們不停地敲門，試圖要離開那裡。雖然那天晚上還是有好事發生——我把菸戒了，因為麻醉氣體使我的肺部嚴重受損。

在這份工作裡，我做了很多不該做的事。一九九八年感恩節時，我總覺得有什麼奇怪的事要發生了，果真如此。當天晚上，拉里．陶德負責執勤，他打電話給我：「艾利斯監獄有犯人越獄了。」我說：「真的嗎？他叫什麼名字？」陶德告訴我，那個逃犯叫古魯爾。我不認識古魯爾，所以我又問他的監獄編號是幾號。陶德回答：「六一九。」我一聽就說：「天啊！那是個天殺的死刑犯耶……」我立刻換好衣服趕到那裡。

那天晚上霧很大，增加搜索的難度。到處都擠滿了媒體。當時，我和一名《紐約時報》的記者一起工作；他和一位編輯透過電話聯繫。我在電話中向那位編輯說明現場的情況，但他就是無法理解。我一直說：「我相信這個犯人還在我們的轄區裡。」然後，那位紐約的編輯卻不停地說：「如果他還在你們的轄區裡，為什麼你們找不到他？」他不明白的是，這間監獄佔地一萬七千英畝。我跟他解釋，搜捕人員已經在監獄圍籬四周紮營，他們都配戴著來福槍，可以立刻對古魯爾開槍。而且，那裡有野豬、紅火蟻，以及北美洲的各種毒蛇。

我說：「古魯爾沒有任何逃脫的機會。」我還跟他說：「你不要到德州來。」

在古魯爾逃離監獄七天後，幾個在距離三一河不遠的哈蒙河（Harmon Creek）釣魚的德州刑事司法部員工釣到了他的遺體。他們沒有想到會釣到這麼大的東西。古魯爾穿著兩套厚重的內衣，還把硬紙板和雜誌塞在衣服底下，這樣他就可以翻閱刺網圍籬而不被割傷。他跑了一英哩左右，來到一座橋上，接著從橋上跳了下去。或許是因為他聽見來車的聲音。河水非常深，水流也很湍急；因為他在衣服底下塞了那些硬紙板，他們研判，他馬上就淹死了。他可能只獲得四十五分鐘的自由。隔天，我走到高牆監獄外面，一大堆記者聚集在那裡。我撕毀了一張通緝海報，然後說：「古魯爾不再是通緝犯了！」我的天啊！我應該要為這件事受到懲罰。

新聞室主任格蘭・卡斯貝瑞（Glen Castlebury）都叫我「冒失鬼」；我惹毛了一大票死刑犯。古魯爾在監獄裡擁有很多粉絲，對他們來說，他是一個英雄。當他們聽到他逃走的消息時，所有人都在裡面說：「兄弟，繼續前進吧，不要停下來！」我應該說「我們抓到那傢伙了」就好，不要做出那些誇張的舉動。我太得意忘形了。這是一份刺激的工作，讓人腎上腺素急速飆升。每當電話響起時，就如同轉動俄羅斯輪盤一般，什麼事都可能會發生……。

有幾名死刑犯再也不跟賴瑞說話了。在某位死刑犯被處決之前，他根本不理賴瑞。然而，他贏得大多數犯人的心。一部分是因為他頑皮、反對權威，一部分則是因為他們需要他。賴瑞讓他們得以博取新聞版面。也許碧安卡・傑格會在報紙上讀到它們，並且予以聲援。蓋瑞・葛拉罕就是如此。又或者教宗會聽聞他們艱難的處境，發表聲明譴責死刑。

賴瑞向來都比我更了解死刑犯，因為他過去時常在死囚室到處走動，彷彿那是他的地盤。他會順道去看看，然後跟他們閒聊。當他在走廊上閒晃時，犯人們會大聲嚷嚷：「嘿，費茲傑羅先生！」他們也會叫他「媒體人」。他很喜歡這個稱號。

所有的獄警都非常喜歡他，雖然他從來不記得他們的名字。他用「兄弟」稱呼所有男性犯人、用「姑娘」稱呼所有女性犯人。他會跟他們打招呼，讓他們受寵若驚。

第5章

好日子永遠不會結束

「目睹死刑就像是報導一場棒球賽或籃球賽，抑或是發生在化工廠的爆炸事故。」

——美聯社的德州死刑見證人邁克・葛拉澤克

「觀眾席裡的陌生人⋯⋯害怕別人發現自己正在目睹另一個人遭受侮辱。他們害怕看見死刑犯眼裡的疑問——你是誰？你為何前來？他的罪惡、他的殘破不堪；他的恐懼、他的徬徨無助，這所有的一切都赤裸裸地呈現在這些陌生人的眼前。」

——節錄自《死囚之間》（*Among the Lowest of the Dead*）
大衛・馮・德萊爾

在死刑犯被處決三天前，警衛每十到十五分鐘會巡視一次他的牢房，並且將他所做的每件事記錄下來。那通常都是一些雞毛蒜皮的瑣事，像是「犯人正在睡覺」「犯人正在閱讀」「犯人正坐在床鋪上」等等，但也有些事會被我們省略。因為沒有人想要知道，死刑犯在他生前的最後時刻拚命手淫。我會把這些紀錄加以編輯，做成新聞資料袋的一部分。除此之外，資料袋裡還會附上其他資料，仔細說明該位死刑犯的罪行，以及他所要求的最後一餐。

死刑執行當天，那位犯人會像平常一樣，在凌晨三點半到四點半吃早餐。早上八點左右，他會被帶到探監房裡。他有四個小時可以和他的家人、朋友相處（前兩天，他已經各有八個小時的會面時間）。當所有的會面都結束之後，該位死刑犯就會從探監房被帶回死囚室，準備載送至亨茨維爾。一旦準備妥當，他就會被放進一輛廂型車的後座，和全副武裝的獄警坐在一起。另一輛車子則載著荷槍實彈的獄警和戒護人員，全程護送。我曾經參與過某次戒護任務，那時他們遞了一把槍給我。我很害怕，坐在後座心想：「如果駕駛緊急煞車，搞不好我會誤觸扳機，導致走火傷人。」

戒護車隊通常會在下午一點左右抵達高牆監獄，他們會把車子開到一個特殊入口，把犯人放下來。賴瑞曾經說：「這些傢伙被關得太久，他們不曾抬頭仰望天空。」

他是對的，他們從未這麼做。犯人會被帶到裡面、進行脫衣搜身，獄方會給他一套新衣服、採集他的指紋，然後把他安置在行刑室隔壁的一間牢房內。牢房裡有一張床和一個金屬馬桶。當他換好衣服後，我和典獄長、牧師會去看他。

典獄長會釐清幾件事——見證人有誰、誰會在他死後領取遺物，以及他要求的最後一餐是什麼。接下來，我會告訴這位犯人，有哪些記者會見證這次死刑，並且讓他知道，如果他不想在行刑室裡交代遺言，他可以把它們寫下來，我再向媒體發佈。在整段過程裡，我會觀察他的神情舉止，免得有記者問我，他在臨死前看起來如何。這時候，死刑犯通常都沉默不語、有些緊張不安，他們已經對命運屈服。

然而，有個傢伙在他即將被處決之前，異常憤怒。他和我差不多年紀，他是唯一一個對我直呼其名的犯人，沒有人會在監獄裡這麼做（除非你是賴瑞）。我不打算糾正他，要他叫我萊昂斯小姐，因為他已經快要死了。但當他說「蜜雪兒，我實在不明白，為什麼非得這麼做不可」時，我回答：「因為你殺了某個人，你必須為此付出代價。」

在我們離開之後，死刑犯會和獄警們在一起。獄方會在桌子上擺滿咖啡、水果酒、冰茶和小點心；賴瑞曾經把它錯叫成「派對拼盤」。去你的克莉絲汀・艾曼普。犯人可以打電話到美國國內任何一個地方（這在死囚室裡是不被允許的），因此，很多死刑犯都會把握生命的最後時刻，與家人和老朋友通話。我不喜歡在聚會上跟人們說再見，所以我無法想像要如何結束這樣的通話。你要跟父母親或兒時的朋友說些什麼？

有一次，我們坐在賴瑞的辦公室裡，葛拉澤克接到一通來自死亡之家的電話。有位死刑犯想跟他說說話。那傢伙名叫約翰・薩特懷特（John Satterwhite），一九七九年，他在聖安東尼奧殺死了一名便利商店的店員。在電話中，薩特懷特對他的罪行表示懊悔並道歉，然後在掛上電話前說：「嗯，我想我會在一個小時內見到你……」有人曾經告訴我，從來沒有死刑犯躺在那張床上睡過午覺。當你即將長眠時，你怎麼會這麼做呢？

凌晨四點，死刑犯的最後一餐會送到他的牢房裡。負責為犯人們準備最後一餐的，是一位名叫布萊恩・普萊斯（Brian Price）的犯人。他非常優秀。普萊斯過去是搖滾樂手，監獄裡一名受過正統訓練的廚師教他如何做菜。他堅持不要事先知道那位死刑犯的罪行，因為如果得知那傢伙是個嬰兒殺手或強暴累犯，他擔心會影響料理的品質。

曾經有劇組到監獄裡拍攝關於普萊斯的紀錄片。當時，他煮了起司通心麵，那是我吃過最好吃的起司通心麵（我吃了很多）。然而，若是死刑犯要求廚房沒有的食材，他們就吃不到那些東西。如果有死刑犯想要吃菲力牛排和龍蝦，他最後可能會拿到一片重組漢堡肉和一根炸魚條。這就是為什麼，大部分的死刑犯覺得簡單就好，他們都選擇點起司漢堡。

我還記得，普萊斯曾經說：「有個傢伙點了皇帝豆……誰會想吃皇帝豆當作在這世上的最後一餐啊？」然後，我漸漸明白，那肯定是犯人的母親做給他吃的東西。

曾經有一位死刑犯對巫毒（voodoo）和魔法十分著迷，他要了一些泥土，因為他打算在牢房裡進行某種儀式。結果，你知道他拿到什麼嗎？答案是優格。想必是因為「泥土」（dirt）和「優格」（yoghurt）這兩個字有點押韻的關係。傑拉德·米契爾（Gerald Mitchell）要了一包快樂牧場的糖果；另一名死刑犯要了一罐酸黃瓜（獄方只給他酸黃瓜，沒有給他罐子）。奧德爾·巴恩斯則是要了「正義、平等和世界和平」。這些東西廚師都沒有，但他可以做出很棒的安吉拉達餅給他，只要他要求的話。

”

傑佛瑞·迪林罕的最後一餐相當豐盛。他要了一個有著切達起司、美國起司和莫札瑞拉起司，不加洋蔥的起司漢堡；大份的薯條、一碗起司通心麵、千層麵加上兩片大蒜麵包、辣味起司醬、三個大肉桂捲、五個炒蛋和八杯巧克力牛奶。據說他拿到了所有的東西，只是牛奶沒有那麼多而已。我跟賴瑞說，如果換作是我，我也會要求完全相同的東西（扣除肉桂捲和炒蛋），然後再加上一瓶胡椒博士。

——節錄自蜜雪兒的筆記中，對傑佛瑞・迪林罕伏法時的描述

二〇〇〇年十一月一日

一旦死刑犯吃完最後一餐，用奧德爾・巴恩斯的話來說，就是一場「等待的遊戲」。死刑犯等著被處決；他的家人等著他被拯救；被害人家屬等著遲來的正義；記者們等著目睹死刑執行。每個人都在等待。

牆上沒有時鐘滴滴答答地倒數，也沒有緊急專線讓州長可以親自打來終止一切程序。但是二〇〇二年，詹姆斯・柯本（James Colburn）在要前往行刑室的最後一刻，被獲准暫緩行刑。然而，這種事很少發生。若是到了晚上六點，沒有上訴案尚未宣判，等待就會結束。若是還有上訴案尚未宣判，我們會坐在賴瑞的辦公室裡再等一段時間，直到收到確認通知為止。當比利・維克斯（Billy Vickers）第一次來到

死亡之家時，沒有任何法院做出裁決，我們必須一直等到半夜，讓死刑執行令失效。還有一次，法院一直到晚上十一點二十三分才做出裁決，死刑執行程序被迫中止。因為一名管理人員擔心我們來不及執行完畢，導致秩序大亂。

不過，晚上六點時，檢察總長辦公室和州長辦公室通常都會打電話給典獄長，准許他繼續執行。典獄長會告訴死刑犯：「是移動到隔壁房間的時候了。」然後，賴瑞會把記者集合起來，帶他們進到高牆監獄裡。只要你看到記者們列隊穿過馬路，死刑就準備執行了，不會有什麼事讓它中止。

此時，該位犯人會被除去手銬，並且由五人捆綁小組從牢房押解至行刑室；那是一個漆成淡綠色（醫院工作服的顏色）的小房間。接著獄警會說：「請躺到輪床上。」這位犯人會先踩在小凳子上再爬到床上，躺下來並張開雙臂，呈現出被釘在十字架上的模樣。捆綁小組的每一名成員都會負責他身體的一部分——其中四個人綑綁他的四肢，另一人則將束帶牢牢地綁在他的軀幹上。

捆綁小組離開後，上場的是靜脈注射小組。靜脈注射小組的成員都是匿名人士，他們會進到行刑室裡，為死刑犯裝上靜脈注射導管，並且先將生理食鹽水注入他的體內。然後，他們會躲在有著一片單面鏡的牆壁後面。靜脈注射小組可以看見行刑室裡的情況，但沒有人看得到他們。我曾經聽過很可怕的傳聞——為了等法院做出最後裁決，死刑犯被綁在輪床上好幾個小時，但它們終究只是傳聞。在德州，靜脈注射導管裝好之後，死刑很快就會開始執行。一旦犯人躺在輪床上、手臂插著針頭，什麼都救不了他。這不是在拍電影。

被害人家屬會被帶進一間觀刑室，和死刑犯的頭部相對。接下來，死刑犯家屬會被帶進另一間觀刑室，和死刑犯的腳相對。這樣的安排經過精心設計，因此雙方完全不會看到彼此。但因為牆壁很薄，對方的聲音都可以聽得一清二楚。這些灰褐色的小房間裡沒有椅子，牆上有一扇大窗戶，透過這扇窗戶，可以看見輪床上的狀況。家屬們都會站在窗戶玻璃的正後方。

他們有時會有些退縮，因為突然和他們的兒子或兄弟，或是殺死自己母親或女兒的兇手如此靠近，使他們感到害怕。我想，看到死刑犯的實際樣貌讓他們受到很大的衝擊。他們或許會顯得有些不自在或恐懼。他們會焦躁不安，不知道要看哪裡好。你怎麼可能為這種事做好心理準備？不過，也有一些人站得非常靠近，看起來得意洋洋，挑釁意味濃厚。有時候，甚至還有人故意不停地碰撞那片玻璃。

記者們會分別到其中一間觀刑室去，我們則是擠在家屬後面，希望自己可以看見死刑執行的狀況。即便我成了發言人，我還是必須非常清楚行刑室裡發生了什麼事，才能記載在監獄的官方紀錄裡。之後，如果有記者問我各種問題，像是那位死刑犯是否閉上了眼睛，或是他有沒有看著被害人家屬，我都能夠回答。死刑犯家屬的情緒起伏通常會比較明顯，因為被害人家屬已經面對悲傷很長一段時間，現在一切來到了尾聲。而死刑犯家屬現在正看著自己的親人死去，對他們而言，悲傷才正要開始。在他們眼前的，是一條漫長而艱難的道路。然而，因為牆壁很薄，被害人家屬可以聽見所有的聲音。我一直覺得這很殘忍，它也困擾著我——如果你是一位母親，當你看著殺死你孩子的兇手被處決時，卻被迫聽那名兇手的母親痛哭，那種心理壓力有多大？這次死刑本應帶給你平靜，讓正義得以伸張，但對她來說，這卻是她此生最大的痛苦。

有一次，我聽到一個女人邊哭邊敲打著玻璃；還有一次，我聽見一個女人大吼大叫，並且用力地踢著牆壁。有些母親苦苦哀求，有些母親虔心祈禱，還有些母親堅持她們的兒子是無辜的。甚至還有幾位母親昏了過去。難怪某些死刑犯叫他們的母親不要來。

一旦所有見證人都各就各位，犯人身旁的金屬門就會關閉，並且用鑰匙鎖上。然後，一名管理人員會從靜脈注射室走出來，說：「典獄長，你可以開始了。」這時，典獄長會說：「〇〇〇，你有遺言要交代嗎？」一支懸掛在天花板上的麥克風會停在死刑犯的嘴巴上方，他可以選擇是否要說點話。典獄長先前就告訴過他，他大約有一分鐘左右的時間，有時還會開玩笑說：「不要故意講得又臭又長。」因此，很多犯人都會在最後加上一句「就這樣吧，典獄長」或是「我說完了」。

如果你相信死刑犯在遺言裡所說的一切，那德州就已經處死數百個無辜的人了。然而，在我目睹過的死刑當中，我從不認為有人是無辜的。布拉澤爾牧師曾經告訴我，某些死刑犯在他面前承認自己有罪，卻在輪床上說自己是清白的。他們跟他說：「我絕不會跟大家說，我有做那件事。」他們要他向上帝請求原諒，接著再說一堆謊話。他們會這麼做，是因為家人相信他們是清白的，或者是他們的母親為了幫他們請律師，拿房子去抵押。我多少能理解，因為這些死刑犯想要保護他們的家人。但只要你躺在輪床上、手臂插著針頭，你就沒有辦法再下來了。一點希望都沒有了。所以，說謊到底有什麼好處呢？

有些死刑犯的遺言為懸而未決的謀殺案提供了解釋，像是比利・維克斯宣稱他是一位職業殺手，至少殺死了十幾個人。也有些死刑犯會說某些人和某個案子有關聯，或是幫某些人脫罪，並且用自己的角度說明發生了什麼事。還有些死刑犯會指責警方腐敗，並指控州政府謀殺。然後，你會在犯罪檔案中發現，兇器上都是他們的指紋，案發現場到他們家門口也滿是沾有血跡的腳印。

瑞奇・麥金恩的母親盛裝打扮，並且用她佈滿皺紋的雙手按壓著觀刑室的玻璃。

每當想起這一幕，我都會哭泣。他是小布希在州長任內唯一准予暫緩行刑的死刑犯。當我訪問麥金恩時，他試圖讓人覺得，是其他人強暴並殺死他十二歲的繼女。這正好是警方對他的指控。但他發誓說他沒有罪，堅稱毛髮和精液的 DNA 鑑定會還他清白。

在德州，麥金恩是第一個被獲准暫緩死刑，好讓 DNA 鑑定得以進行的死刑犯。因此，有些人懷疑小布希會這樣做，只是為了在被共和黨提名為總統候選人之前，證明自己是個公正無私的人。麥金恩換好衣服、和牧師一起禱告，甚至已經吃下了最後一餐——雙層起司漢堡、薯條和胡椒博士，典獄長才告訴他，他被准予暫緩行刑了。鑑定結果出爐後，證實麥金恩是有罪的，即便如此，他依然聲稱自己是無辜的。我不會指責麥金恩極盡所能地為自己辯解，如果換作是我被判死刑，我也會做相同的事。

在他第一次排定的行刑日三個月後，他終於要被處決。那時，麥金恩並沒有提及他的罪行，以及他是否有罪。他向家人道別，說他很愛他們，然後祈求上帝帶他回天家。

當犯人要被處死時，他們多半都會提到上帝。曾經有一名死刑犯告訴我：「你必須相信有超自然力量的存在，好讓自己有勇氣躺到那張輪床上。」我想，這就是為什麼，他們會迅速地躺在那裡。他們想要相信，自己會去一個更好的地方，雖然他們大多很怕自己會下地獄。我有非常堅定的信仰，所以我能理解，為什麼這些人會在即將被處決的時刻，試著和上帝和解。

我確信有些死刑犯雖然宣稱自己已經重獲新生，但其實他們並沒有。不過，我認為他們多半都很虔誠，因為在他們的生命裡，除了宗教還剩下什麼？有幾位死刑犯在背誦主禱文或其他聖經的經文時死去，甚至還有幾位在吟唱詩歌時死去。

還有一些死刑犯沒有這麼和善。我聽過最憤怒的，是卡麥隆・陶德・威林罕（Cameron Todd Willingham）的遺言（一九九一年，他在科西卡納〔Corsicana〕放火燒死自己的三個小女兒，因此被判處死刑）。與麥金恩和許多死刑犯一樣，威林罕到最後一刻都還堅稱自己是清白的。當典獄長問他是否有話要說時，他開始長篇大論，猛烈地指責他的前妻（當時她站在觀刑室的玻璃後面），話語中包含了各種你想得到的髒字。當威林罕還在火力全開時，典獄長已經指示藥劑可以開始注射。

我來自上帝的塵土，現在我也將歸於塵土。因此，土地將成為我的寶座。我要走了，我的好哥兒們。我愛你，蓋比（Gabby）。我希望你在地獄裡腐爛，賤人。我希望你他媽的在地獄裡腐爛，賤人。你這個賤人。我希望你他媽的腐爛，死破麻。就這樣了。

——節錄自卡麥隆・陶德・威林罕的真實遺言，二〇〇四年二月十七日

大部分的死刑犯都比威林罕文雅多了。他們多半深表歉疚，如果這不是對被害人家屬說的（有些犯人表現得好像他們不在觀刑室裡一樣），那至少是他們自己說的。他們多數都會懇求原諒。有些死刑犯極其客氣有禮。我還記得有一名犯人侃侃而談，說明死刑為什麼是不對的，最後還感謝監獄招待他最後一餐，如同在飯店辦理退房手續一般。許多死刑犯都會大喊：「死囚室裡的男孩們！」其中有一位犯人想讓他們知道，他並沒有穿成人紙尿褲。

不少死刑犯的遺言都舒緩了緊張的氣氛。有一名犯人說：「我的替身跑到哪裡去了？我現在需要他。」一派崔克・奈特說，他要在輪床上講個笑話，這個笑話是從

民眾投稿中選出來的。他的朋友在他的 Myspace 頁面上刊登了一則公告，結果收到數百件投稿。有記者問我是否會參加這個無聊的活動，我回答：「我們非常認真看待這件事，所以『敲門笑話』[1]（knock-knock joke）是不會入選的。」奈特應該是臨時怯場，因為他不但沒有在輪床上講任何笑話，還完全說不出話來，甚至宣稱他根本不是派崔克・奈特。

很多死刑犯似乎如釋重負。我認識一位名叫老藍道爾・哈夫達爾（Randall Hafdahl Sr）的犯人，他曾經是飛車黨成員，過去經常在加爾維斯敦的某些酒吧出沒。我也常去那些酒吧，雖然我從來沒有遇過他。我很喜歡和他聊我家鄉的某些地方，我們都對那些地方很熟悉。他身上有一些摩托車圖案的刺青，它們非常細緻，都是他自己在監獄裡製作的。他顯然比馬汀・羅布雷斯（Martin Robles）有品味一些；羅布雷斯的上臂也有刺青，那是一個惡魔正在啃食耶穌大腦的圖案。

在哈夫達爾被處死之前，我拍下他的刺青，讓他的律師可以發送給他的女兒。然後，他的律師也寄給我一些木製機車的照片，它們都是哈夫達爾在死囚室裡雕刻的。因為他有著流浪性格，對他而言，被關在牢裡宛如人間煉獄；他已經準備好要

1　「敲門笑話」是一種以雙關語或同音字作為笑點的英語笑話。簡單來說，有點像是我們的冷笑話。

上路了。

有一位來自休士頓的歌手，名叫羅伯特・厄爾・基恩（Robert Earl Keen），他的成名曲是〈這條路我會一直走下去〉（*The Road Goes on Forever*）。這首歌講述一名男子殺死了警察，並且被判處死刑，這正好就是哈夫達爾的故事。一九八五年，他在阿馬利洛（Amarillo）開槍打死一位警察，十七年後被處決。哈夫達爾在輪床上引述了這首歌的歌詞：「這條路我會一直走下去，好日子永遠不會結束！讓我們一起搖滾吧！」他長年被關在狹小的牢房裡，猶如困在籠中的小鳥。現在他的肉身雖然死了，但靈魂終於重獲自由。

”

我已經待在這個鬼地方太久了。在我離開前，我想要告訴你們所有人：我死後，請將我深埋。我死後，請在我的腳邊放兩支喇叭、在我的頭上戴上耳機，讓我盡情搖滾。有一天我會在天堂裡見到你們。就這樣了，典獄長。

——道格拉斯・羅伯茲（Douglas Roberts）的遺言，二〇〇五年四月二十日我聽過最荒謬的，也許是蒙提・德爾克的遺言。一九八六年，他在克羅基特（Crockett）開槍打死一名男性，是死囚室裡最惡名昭彰的死刑犯之一。他不肯洗澡，甚至還用他自己的排泄物塗抹身體。因為他實在是太臭了，必須和其他犯人隔離開來。此外，德爾克宣稱自己有一百二十九歲，曾經擔任過潛艇指揮官和肯亞總統，而且已經在監獄裡被殺了一百五十次。然而，監獄的精神科醫生說，他只是為了不被處死而裝瘋賣傻。

我真的無法理解某些犯人。強尼・潘瑞（Johnny Penry）原本因為強暴和謀殺被判處死刑，最後卻從死囚名單中除名，因為法院判定他有智能不足的問題。他們說他無法閱讀或寫字，但有一次他跟我說：「你有讀過《談話雜誌》（*Talk Magazine*）上關於我的報導嗎？那篇文章真是棒透了。」我說：「是你自己讀的嗎？」他發現自己說溜嘴，連忙改口：「不，是別人念給我聽的。」

二〇〇二年，在德爾克被處決之前，因為他不肯洗澡，獄警試圖用一瓶可樂收買他。他拿了那瓶可樂，卻只是站在蓮蓬頭底下沖水，沒有刷洗他的身體。他依然臭氣熏天。他的遺言是：「你不在美國。這裡是巴貝多[2]的一座島嶼。人們會看到

---

2 巴貝多是位於加勒比海與大西洋邊界上的島國，是西印度群島最東端的島嶼，首都橋鎮（Bridgetown）。

你所做的一切。」在我聽來，這根本就是把裝瘋賣傻發揮到極致。他說完話後瞪大了眼睛；當化學藥劑開始流進死刑犯的體內時，有些人會有這種生理反應。

相較之下，有些遺言簡短扼要、言簡意賅。一九九七年，大衛・馬丁尼茲（David Martinez）在奧斯汀強暴並殺害一名學生。二〇〇五年，他在被處決前說了一句：「天色常藍，綠草常青；今天是個赴死的好日子。」就是這樣。還有一些死刑犯則是有點搞不清楚狀況。他們會問典獄長，麥克風有沒有開、站在玻璃後面的人有誰，或者只是略表歉意，因為他們沒有任何話要說。詹姆斯・克拉克（James Clark）在二〇〇七年被處決，當他往他的右側看時，才終於發現有人來見證這次死刑。在他看見觀刑室裡那些盯著他的人之後，他說出了他的遺言，一句聽起來很突兀的「你好」。

我不曾看過有死刑犯苦苦哀求饒他一命，我只記得有個男人當場哭了起來。這可能嚇到了很多人。大多數人早就哭過，就像憤怒的情緒幾乎已經煙消雲散。他們試圖讓自己像個男子漢。當然，也有很多死刑犯什麼話都沒有說。當典獄長問他們是否有遺言要交代時，他們只是搖搖頭。接下來，你會聽見他們吐出最後一口氣。此時，他們的肺部逐漸塌陷，將空氣擠壓出來，就像擠壓手風琴的風箱一樣。

原本典獄長有個暗號——當他摘下眼鏡時，靜脈注射小組就知道要開始注射藥物了。但不知怎地，走漏了風聲。有一天，一位死刑犯不停地問典獄長：「是你拿下眼鏡的時候嗎？」因此，他們想出了一個新方法，那就是當典獄長按下某個小型控制器（看起來像車庫遙控器）上的按鈕時，靜脈注射室裡的燈就會亮起。

所有我目睹過的死刑，都是以注射三種藥劑的方式執行。第一種藥劑是硫噴妥納（sodium thiopental）；它是一種麻醉劑，即使沒有其他兩種藥物，也已經足以把你殺死。在施打這種藥物後，犯人會陷入昏沉狀態，他們的眼睛開始闔上，有時他們會說自己嘗到它的味道，那個味道很可怕。我從來沒有看過有人說他覺得痛，這讓我有種想法——如果換作是我被處死，我會試著大吼大叫，說我有多痛。因為就算處決程序沒有中止，至少可能會使他們暫停執行死刑。有誰能夠證明我在說謊呢？

據說有一次，一名死刑犯的血管破裂，靜脈注射導管從他的手臂上脫落，並且把藥劑噴到牆上。我不曾看過靜脈注射導管出現問題，即便有個傢伙是重度毒品成癮者，必須把針頭插在他的脖子上，因為他們找不到其他可用的血管。因為離麥克風很近，我們可以聽見化學藥劑流進他們體內的聲音。

第二種藥劑是泮庫溴銨（pancuronium bromide，又稱麻妥儂〔pavulon〕）；它是一種肌肉鬆弛劑，用來讓肺部塌陷、橫膈膜癱瘓。這時產生的聲響都不太一樣，端看他們是否抵抗。基於本能，所有人都會反抗，拚命大口呼吸，如同在地上苦苦掙扎的魚。但布拉澤爾牧師過去常跟他們說，把它想成一道波浪，不要和它對抗，而是跟著它走。布拉澤爾告訴他們，這樣他們會輕鬆一些。當他們吐出最後一口氣時，聽起來可能像是咳嗽聲、喘氣聲、鼾聲、從喉嚨裡發出的嗶啵聲、抽噎聲，或是馬兒的呼氣聲。

第三種藥劑是氯化鉀（potassium chloride），它會使心跳停止。但當第三種藥物流進犯人的體內時，現場早已一片寂靜。

”

我以為會比這還要辛苦……。

——羅傑里奧・卡納迪（Rogelio Cannady）的遺言，二〇一〇年五月十九日

這種寂靜狀態會持續五、六分鐘。典獄長仍舊站在犯人的頭部附近，布拉澤爾牧師也依然把手放在他們的膝蓋上。有時，布拉澤爾會和我四目相接，對我眨眨眼，彷彿在說：「抱歉，一切都會沒事的。」他真是一個溫柔善良的人。我會直挺挺地站在觀刑室的玻璃後面，肚子咕嚕嚕地叫，聞著那詭異的氣味，看著犯人的身體慢

慢地變成紫色。

當我還是個記者時，有好長一段時間，我會看到葛拉澤克把身體往前傾，然後看著天花板上的某個東西，但我完全不知道那是什麼。後來我才知道，那上面有一盞紅燈，當靜脈注射小組在施打化學藥劑時，它會一直亮著，等到處決程序結束後就會熄滅。幾分鐘後，典獄長會請醫生到行刑室裡，醫生會用聽診器確認死刑犯是否還有心跳，接著正式宣告死亡時間。這通常都比實際死亡時間晚了五、六分鐘。然後，典獄長會緊靠著麥克風，為他的秘書複誦一次。那位秘書正在辦公室裡書寫這次死刑的官方紀錄。

布拉澤爾會把他的手放在犯人的臉上，如果他們的眼睛是睜開的，他會將它們闔上。我想他正在進行簡短的禱告。接著他會把白布蓋在他們的臉上，我們就可以離開了。

第6章

一個奇怪的人

「對我們來說，美國人正在做一件我們完全不能理解的事。這麼先進的國家，卻如此野蠻。」

——前法國人權聯盟（Human Rights League）主席亨利・勒克萊爾（Henri Leclerc）

「當坎圖對韋南西奧（Venancio）低聲說：『我們應該要殺死她們』時，他們還在強暴那兩位女孩。當所有人都停止之後，坎圖要他們把女孩帶進樹林裡，然後勒住她們的脖子。坎圖用他的鋼頭靴踹伊莉莎白的臉，踢掉了她的幾顆牙齒。接著他用腳踩在珍妮佛的脖子上，直到她動也不動為止。最後，他們輪流猛踩兩位女孩的脖子，以確保她們真的死了。」

——德州檢察總長針對彼得・坎圖（Peter Cantu）一案，對媒體進行說明。一九九四年，彼得・坎圖因為殺死伊莉莎白・佩娜（Elizabeth Peña）和珍妮佛・艾特曼（Jennifer Ertman），被判處死刑。

我有些朋友很喜歡跟別人說，我靠什麼工作維生。我們會在一個酒吧裡，當我看到他們臉上露出興奮的表情時，我就知道他們要說：「告訴他們你的工作內容是什麼！」每次要和剛認識的人談論這件事，我都覺得有點奇怪。我知道我有一份很有趣、很不一樣的工作，我也知道人們對此深感興趣，而且有很多問題想問。但我不想直接說：「是的，我看著人們死去。你們還想知道些什麼？」有些人會對這件事很反感，特別是我的一個女同學更是如此。她的態度實在令我很火大。我心想：「你什麼都不懂。你不知道我心裡感受如何。你只是因為我到那間房間裡去就感到反感嗎？但這是我的工作，一份很重要的工作。你憑什麼評斷我？」

二〇〇二年，我遇見我的第一任丈夫。他在亨茨維爾長大，然後到德州農工大學就讀。不過，那時我並不認識他。當我在亨茨維爾舉辦的農工大學校慶活動上遇到他時，我覺得他很英俊，而且看起來十分安靜嚴肅。我很喜歡這一點。我並不嚴肅，至少外表看起來是如此。我到處開玩笑，談論瘋狂的話題。但我心想：「我要讓這傢伙嚇一跳。」

我在加爾維斯敦長大，聽的全都是饒舌歌曲，穿的是夾腳拖，而他比較常穿牛仔靴、聽鄉村音樂。不過，我們很合得來，「異性相吸」這句老生常談對我們是適用的。

因為他來自亨茨維爾，他認識很多在監獄體系工作的人，我的工作不會令他感到困擾，他不覺得那很奇怪。他認為這份工作很有趣（所有人都這麼認為），但我們不常談論它。他的確會問，而我只會跟他說「一切都很好」，然後就轉移話題。當我打卡下班之後，我會試圖拋開工作的事，我不想把它們帶回家。話又說回來，那時我並沒有好好想過這些事，因為我一直不覺得它們會對我造成多大的影響。

二〇〇一年一月，小布希成為美國總統，德州州長由瑞克・裴利（Rick Perry）接任。裴利上任的第一年，處決人數下降——二〇〇一年，有十七名犯人被處死，但二〇〇二年，行刑室又開始忙碌起來，有三十三個人在輪床上死去。然而，我一再強調，目睹死刑只是我工作的一小部分。我主要負責行政管理事務，除此之外，每週三是死囚室的媒體日，意味著要花時間和死刑犯相處。這通常都是很有趣的經驗。

美國人一方面對自己國家的高犯罪率感到厭惡，另一方面又對犯罪充滿好奇。我不斷地觀看犯罪紀實節目（尤其是調查探索頻道〔Investigation Discovery Channel〕的節目），因為我想知道為什麼罪犯會做出那些可惡的事。

這裡有個謎題：某個女人在她祖母的葬禮上，和一個男人四目相接。突然間，她有種不曾有過的感覺——這就是她想要的男人。他們無法壓抑內心的情感，一直盯著對方看。葬禮結束後，所有人都各自離場，她也看不到他了。他回家去了。

那天晚上，她回到家並殺死了自己的姊妹。這是為什麼？

如果你能回答出正確答案，聯邦調查局也許會認為你有反社會人格（sociopath）。解釋如下：若是這個男人和她的祖母很熟，他可能也會來參加她姊妹的葬禮。這意味著她有機會再見到他，並且和他交談。我有兩位家族成員答對這個問題。

這種東西很吸引我。因為反社會人格者無法轉移他們的情緒，以致於做出瘋狂的事來。比方說，闖進某個陌生人家、躲在他的衣櫃裡，然後殺死他，因為你的女朋友想跟你分手。或是用絞刑結在你繼女的嬰兒床上方懸吊一隻娃娃，就像丹尼爾・希特一樣，他還殺死了他的養父母（因為他們養的狗刮傷了他的貨車）。抑或是殺死一個女人、玷汙她的遺體，再用香水噴灑在她逐漸腐爛的身體上，好讓你繼續玷汙她。這就是一九九三年，荷西・珊特蘭（Jose Santellan）在弗雷德里克斯堡（Fredericksburg）的汽車旅館裡做的事。他在口供中說，他想和她睡在一起，證明自己有多愛她。我永遠不會忘記檢察官的評論——「珊特蘭真是一個奇怪的人……」

在死囚室裡，我會和這種人近距離接觸。

在訪談的過程中，有時我會坐著聽死刑犯說話，當訪問結束、他們等著被帶回牢房時，我會跟他們聊天。如果他們想聊一下子，我沒有理由拒絕。即便他們都做了很可怕的事，也不需要對他們不友善。我很快就發現，他們多半不像我想的那麼兇惡，雖然有幾名犯人的精神狀況不太正常，而且控制慾很強。

湯米・塞爾斯在伊利諾州的本頓殺死了達丁家族，案發多年後，都還使當地蒙上一層陰影。我為《亨茨維爾簡報》訪問過他；因為他曾經在德州的德爾里奧（Del Rio）犯下一起可怕的案件，被判處死刑——有一位小女孩在朋友家過夜時慘遭割喉，而他也聲稱自己殺死了幾十個人。我成為監獄體系的發言人後變得很了解他，因為很多記者都想親自拷問他。

塞爾斯是個蠢蛋，他非常粗魯無禮又自以為是。有一次，他試圖為自己所做的一切辯護，宣稱他只會在備感威脅時殺人。於是我問他：「一個兩歲的孩子要怎麼對你造成威脅？」他就開始哭了起來。過去記者們可以在自動販賣機買飲料和小點心給犯人，但我們必須予以廢除。因為像塞爾斯這樣的人，如果沒有得到他想要的零食，就會開始威脅要干擾訪問進行。我還記得，塞爾斯因為想要一瓶山露汽水（Mountain Dew）而鬧脾氣。最後，我發火說：「你請便，反正我不在乎你是否要接受訪問。」

另一個和我處不來的傢伙是凱薩・費耶羅（Cesar Fierro）。費耶羅是墨西哥人，因為他在艾爾帕索（El Paso）殺死了一名計程車司機，從一九八〇年起就被關在死囚室裡。因為有些人認為費耶羅是無辜的，而且他被准予暫緩行刑很多次，許多記者都會來採訪他。有時候，訪問會以西班牙語進行。有一次，當他在簽署媒體發佈同意書時，用西班牙語跟記者說：「我喜歡這枝筆。」那位記者回答：「噢，那它就是你的了。」費耶羅不知道我聽得懂西班牙語。那枝筆其實是一名矯正官的，而費耶羅可以為了它殺死一個人。我趕忙插話，告訴費耶羅不能拿那枝筆。

結果，他暴跳如雷。他大聲咆哮，罵我是個婊子，然後狂吐口水並用力敲打訪談室的玻璃。因此，我做了一件有點過分的事。我在確定沒有其他人可以看得到我之後，走上前去，笑著用誇大的嘴型說：「你給我滾……」這讓他更抓狂了。我聳了聳肩，對獄警說：「他怎麼了？我不知道他哪裡不對勁。」費耶羅一直被關在死囚室裡（近三十八年），日漸腐朽。

賴瑞・費茲傑羅

我曾經帶我的妻子瑪麗安到死囚室參觀過一次。她看到龐猜・威爾克森後說：「那個長相英俊、體格很棒的黑人男子是誰？」我說：「他是一位殺人犯。」我跟她介紹了一些和我有往來的犯人。當我們來到肯尼斯・麥德夫的牢房時，他從床鋪上爬起來並伸出手，想和瑪麗安握手。她拒絕了。有些死刑犯是我的朋友，但也有些死刑犯罪大惡極，肯尼斯・艾倫・麥德夫（Kenneth Allen Mcduff）就是其中一個。麥德夫應該會是你見過最壞的人之一。

一九六六年，麥德夫因為在埃弗曼（Everman）綁架並慘忍殺害三名青少年，被判處以電椅執行死刑。其中一名女孩被強暴了好幾個小時，接著她的脖子被掃把打斷，所以人們幫他取了個外號叫「掃把殺手」。根據同夥的供述，麥德夫告訴被害人說：「我們會把你搞到虛脫。」一九七二年，當最高法院做出死刑違憲的判決時，麥德夫已經被獲准暫緩行刑好幾次，於是他被改判無期徒刑。麥德夫在從死囚名單中除名之後，他成了一位老大。他有個「小嘍囉」惹毛了幾個白人至上主義者，為了尋求庇護，這個小嘍囉會提供麥德夫毒品和性服務。除此之外，麥德夫還因為企圖收買一名假釋委員會的成員而被判刑。

然而，麥德夫出身於中產階級家庭，這在犯人當中是很少見的。他的父母親請了一位收費昂貴的律師，把謀殺案的責任都推給麥德夫的同夥。一九八九年，一方面是因為這位律師的努力，一方面則是因為德州的監獄大爆滿，床位嚴重不足，麥德夫得以假釋出獄。稍微有點常識的人都對這件事感到很沮喪。

在接下來的幾年裡，麥德夫至少又在韋科地區殺死四名女性，並在奧斯汀殺死另一名女性。在警方展開大規模追緝行動，並且在《美國頭號通緝犯》[1]（*America's Most Wanted*）中露過臉後，他終於在密蘇里州的堪薩斯市被逮捕。麥德夫是德州史

1 《美國頭號通緝犯》是福斯電視台最長青的犯罪節目，一九八八年開播至今，一直深受歡迎。在警方將棘手案件或通緝要犯的相關資料提供給製作單位後，節目中就會播放這些罪犯的照片或棘手案件的資料，並且呼籲市民提供線索。當罪案因為市民提供的線索而破案，甚至捉拿到罪犯時，警方都會准許電視台拍攝，然後在電視上播放。該節目開播後的二十多年，已成功在三十五個國家找回六十五個失蹤或被綁架的兒童，也緝捕了超過一千多名罪犯。節目主持人約翰・沃爾希（John Walsh）也終於在二十七年後，找到殺死兒子的兇手。

上唯一一位被關進死囚室、假釋出獄，然後又被判處死刑的犯人。麥德夫獲釋後又再度犯案，直接致使德州對假釋制度進行徹底改革，其中最具代表性的有麥德夫法案（Mcduff Laws），以及花費數十億美元興建新監獄等。麥德夫造成了很大的轟動。

當麥德夫被關在艾利斯監獄時，我也許是和他最親近的人。我仔細觀察他之後，發現他是個媽寶。當我來到他的牢房時，他通常都平躺在床上。他平時沉默寡言，但只要我一提到他的母親，他就會從床上爬下來，然後跟我說話。我會對他說：「你最近有跟艾蒂（Addie）說過話嗎？」這時，麥德夫會突然變得很活潑。然而，他從來沒有問過我叫什麼名字，每當我進到他的牢房裡時，我也不曾感到自在。

就我個人而言，我只看過一個被處決的犯人是以連續殺人犯定罪的（連續殺人犯的定義是殺死三個以上的人），那就是丹尼爾．柯爾文（Daniel Corwin）。一九八七年，他殺死了三名女性，這當中有兩個人在亨茨維爾。他在洗車場誘拐了其中一名女性，當她的三歲女兒從車內往外看時，用刀將她刺死。麥德夫第二次入獄時，只因為殺死兩個人（梅麗莎．諾斯拉普〔Melissa Northrup〕和柯琳．里德〔Colleen Reed〕）而被定罪，但執法當局認為他其實殺了十六個人。

他對我很友善，也沒有在死囚室搗亂，但他也是我看過最十惡不赦的犯人，簡直就是衣冠禽獸。

一般來說，麥德夫都拒絕媒體採訪，但有一位在NBC奧斯汀電視台工作的女記者訪問了他四、五次。她有著深褐色頭髮，十分迷人。有一天，我終於跟她說：「你知道為什麼麥德夫喜歡你訪問他嗎？」她回答：「不知道。為什麼呢？」我接著說：「因為你看起來像他的被害人。」在那之後，她就不再採訪他了。

在他被處死的那天下午，我回到死亡之家，他們正在採集他的指紋。這總是令我感到驚奇——你們在犯人被處決前幾小時採集他的指紋，是為了確保你們處死的是對的人嗎？當他們對他進行脫衣搜身時，我注意到他的睪丸異常肥大。因為他全身光溜溜地站在我的面前，我實在很難不看到它們。它們看起來像該死的棒球一樣大。於是我說：「天啊！麥德夫，你怎麼了？」他說，這是因為他喝了太多酒的關係。我說：「什麼鬼啊，麥德夫，你已經那麼多年沒有在外頭混了，你怎麼有辦法喝這麼多酒？」他笑了一下，說：「你沒聽過『馬桶酒』[2]（chalk）嗎？」在監獄黑話裡，

2　「馬桶酒」是指犯人在監獄馬桶裡釀出來的酒。馬桶酒的原料來自能隨手找到的含糖物質（例如蘋果、橘子、糖果、番茄醬、蛋糕糖霜、牛奶）混上酵母（通常來自碎麵包），裝在垃圾袋裡釀造而成。在釀造過程中，要經常打開袋子，釋放發酵時所產生的氣體，再重新封緊袋子。與此同時，袋子必須置於陰涼處（通常都是馬桶的水箱）。三到五天後，將液體中的水果過濾掉，即可飲用。

「馬桶酒」是自釀酒的意思。

正當我要離開時，他說：「嘿，媒體人，我想知道一件事。我吸引來的群眾有比卡拉・菲耶多嗎？」我回答：「不，麥德夫，你沒有。」因為長久以來，他總是能逃過一劫，在我的印象中，他不認為自己會被處死，所以完全沒有心理準備。不過，在牢房和行刑室中間顯然發生了某些事，因為他的遺言是「我準備好要解脫了。」當他宣告死亡時，我和其中一名逮捕他的聯邦法警（US Marshal）在觀刑室裡擊掌慶賀，這是史上唯一一次。

布拉澤爾要我參加麥德夫的葬禮。他的葬禮在監獄裡的墓園舉行，德州不少惡名昭彰的罪犯都埋在這裡。喬・伯德公墓[3]（Joe Byrd Cemetery）俗稱「佩克伍德山」[4]（Peckerwood Hill），它位在一片美麗的土地上，一排排十字架整齊劃一，看起來就像阿靈頓公墓[5]（Arlington Cemetery）一樣。這裡非常安靜，但也很哀傷。它們是貧民的墳墓，當犯人在監獄裡死去卻無人認領時，就會被埋在此地。

近年來，大多數墓碑都會刻上犯人的名字，但麥德夫的墓碑上只有他的死亡日期、一個字母「X」（代表被處決），以及我永遠都不會忘記的監獄編號──九九九〇五五。在麥德夫的葬禮上，有一位年輕男性和女性說了這樣一句話：「你不會知道在德州，姓麥德夫的人有多難受。我們很高興看到他死了。」我對此並不意外，因為某些犯人犯案無數，就連布拉澤爾都難以消化……。

3 喬・伯德公墓是德州監獄埋葬死刑犯的主要墓地，公墓名稱源自一名助理典獄長喬・伯德。一九六〇年代，他協助獄方公墓的修復和清理工作。由於該公墓目前已經埋葬超過三千人，亨茨維爾監獄曾經在二〇一二年指出，德州必須在兩年內找到新的墓地才行。

4 英語「Peckerwood」一詞原意為啄木鳥，十九世紀開始演變成美國黑人對窮苦白人（尤指農民）的蔑稱。喬・伯德公墓埋葬的死刑犯多是貧苦出身，因而有此俗稱。

5 阿靈頓國家公墓位於美國維吉尼亞州阿靈頓，美國國防部五角大樓旁，一八六四年六月十五日開始作為軍人公墓使用。阿靈頓國家公墓在美國南北戰爭期間建立，其中安葬了在美國國家戰爭，包含南北戰爭、韓戰、越戰，以及最近的伊拉克戰爭和阿富汗戰爭中犧牲的美國軍人。它是美國陸軍部直接管轄的兩座國家級公墓之一。

在麥德夫把內衣穿回去之後，他們幫他拍了一張照片。他年輕時並不難看，但現在穿著內衣站在牢房裡的他，是一個頹喪的老人。他沒有自尊，也沒有憤怒，他已經把它們通通丟棄。

我不支持也不反對死刑，我不想看著這些人死去。但我必須竭盡所能地撫慰他們的心靈。我在面對死刑犯和快要因為癌症死去的小女孩時，態度是一樣的。

它讓我珍惜生命，卻也帶給我很大的衝擊。每當死刑結束之後，我都會回家哭泣。這使我對人們感到憤怒。試著讓自己保持堅強，是一種日積月累的精神折磨。死刑犯被處決當天，我和他一起度過的那三個小時，都是真實的。當你和一個只剩三個小時可以活、距離那張輪床只有幾步之遙的人說話時，他不是跟你鬧著玩的。那往往直截了當、一針見血。

我曾經在行刑室裡目睹過一百五十五名犯人被處死，他們大多數都在我的聖經上簽了名。然而，有一位死刑犯實在罪大惡極，我無法不去在意，因為我真的太生氣了。當我試圖要和他談論上帝時，我開始滔滔不絕起來。我告訴他：「我必須到外頭和典獄長聊一下。」大約三十分鐘後，我意識到，我是用自己的眼睛，而不是上帝的眼睛看待他。我的感受不重要，這位犯人和他的需求才是最重要的。

典獄長說：「我們都盡力了，現在進去把你的工作做完吧。」

——前亨茨維爾監獄牧師吉姆・布拉澤爾

我不曾感受到危險，雖然有些犯人很喜歡開玩笑。有一次，我在跟一名犯人說話時，他說：「我有讀你父親在《亨茨維爾簡報》上寫的專欄，內容是關於你和你弟弟……。」這沒有什麼威脅性，只是他說他知道關於我的事，讓我覺得不太自在。死囚室的獄警發現，不能把車子停在大樓的某一側，因為犯人們會站在他們的床鋪上，從牢房的小窗戶望出去，看獄警開的是哪一輛車。下次看到獄警時，他們就會說：「嘿，你覺得那輛黑色貨車怎麼樣？」因為犯人們被剝奪了權力，他們只能用這種方式營造出一種假象，彷彿自己還掌控著些什麼。

我曾經看著死刑犯的眼睛，然後覺得自己看到純粹的邪惡。但這種經驗，我只遇過幾次。道格拉斯・費爾德曼（Douglas Feldman）有大學學歷，過去擔任過財務分析師。某天晚上，他在達拉斯騎著摩托車，因為行車糾紛動怒，對著貨車司機開槍。當天晚上，他殺死了兩個人。一個星期後，他又打傷了另一位被害人。他入獄服刑期間，不停地惹事生非。有一次，在媒體專訪開始前，他把電話機從牆上扯了下來。在那之後，就沒有記者要訪問他了。真正惹毛矯正官和其他死刑犯的，是他那令人毛骨悚然的口哨聲，而且他還不肯停止。諷刺的是，他說多餘的噪音會讓他變得兇狠。但對我而言，是他的眼睛使然。

當費爾德曼被關在死囚室裡時，他會寫信，在信中將殺人比作獵捕動物。在其中一封信裡，他說：「我開始打從心底討厭這顆星球上的每一個人。如果有按鈕可以把每個人都殺死，我會豪不猶豫地按下它。」他看起來就是如此，彷彿他是獵人，而我是他的獵物。

安吉爾・雷森迪茲（Ángel Reséndiz）是一個罕見的西班牙裔連續殺人犯（連續殺人犯通常都是白人），他和美國、墨西哥許多謀殺案都有關聯。他藉由貨運列車在美國各地移動，並且在一九九八年殺死一名住在休士頓鐵道附近的醫生，被判處死刑，因此媒體幫他取了個外號叫「鐵路殺手」。聖誕節前八天，克勞蒂亞・本頓（Claudia Benton）被強暴、用菜刀刺了幾刀，然後用一尊銅像重擊致死。

雷森迪茲宣稱他是人類和天使的混合體，所以不能死。他是我見過最奇怪也最可怕的人之一。我對大部分的死刑犯都抱持坦誠開放的態度，就像我在酒吧裡見到他們一樣，因此他們可以暢所欲言。他殺的人形形色色，這在連續殺犯當中，是很不尋常的。他告訴我，他會殺死克勞蒂亞・本頓，是因為當他闖進她家時，看到她家有一些胎兒的照片。他推斷她支持墮胎，罪大惡極，所以必須把她殺了（本頓其實是一名小兒遺傳學家，專門研究兒童疾病）。他說他殺死了一對年輕夫妻，因為當他闖進他們家時，看到那位先生穿著軍服的照片。他認定他們支持戰爭，所以必須把它們殺了。

他曾經用十分平靜的口吻告訴我，他殺死了四十個人左右。我問他：「你殺了這些人，難道你不邪惡嗎？」他回答：「不，因為我在根除罪惡。」於是我說：「如果你闖進我家後看到某樣東西，讓你覺得我很邪惡，你也必須殺了我嗎？」他笑著說：「是的。」

雷森迪茲說他是人類和天使的混合體，但他其實非常聰明。每到夏天，他就會自動變成一個「自割者」（cutter，意指有自殘習慣的犯人），因為德州的監獄只有醫療中心和精神治療中心裝有空調。死刑犯每天都被關在酷熱難耐的牢房裡二十三、二十四個小時。神奇的是，到了冬天，雷森迪茲根本毫無異狀。他樂於和媒體合作，而且完全明白他們想從他身上得到什麼。你會看到他透過電話告訴記者如何裝設麥克風架，或是在拍照時把手放在訪談室的玻璃上。

此外，雷森迪茲某些行為也極其詭異。當記者給他一瓶可樂（必須是可口可樂，而不是百事可樂），他會堅持拿著它並擺好姿勢，要他們幫他拍照。當時，我心想：「你以為你會接到廣告代言──『可口可樂是死刑犯最愛喝的飲料』之類的東西嗎？這種事不可能發生，雷森迪茲！」他甚至把他剪下來的手指甲和腳趾甲放到 eBay 上賣。令人作嘔的是，還真的有人買──有人會花兩百元美金買一袋連續殺人犯的指甲！有一個在休士頓市長辦公室工作的傢伙，是位反「謀殺紀念品」[6]（murderbilia）鬥士。他和我聯繫並告訴我這件事，於是我們加以禁止。我想那年聖誕節，聖誕老人大概讓某些人失望了。

雷森迪茲還會跟我調情。當他說他喜歡我穿紅色衣服時，我就再也不穿紅色了。有一次，一名記者要買小點心給雷森迪茲。我問他想要什麼，他回答：「任何像你一樣美好的東西。」我說：「呃，我告訴你，你會得到一些甜甜圈……」當我掛上電話時，他在玻璃的另一端大笑。就算有人付給我一百萬元美金，要我跟他共處一室，我也會拒絕。因為我覺得他一定會殺了我。

在雷森迪茲受訪前，我和他簡短地聊了一下。他告訴我，每次他看到我時，都覺得我越來越漂亮了。謝謝你喔，連續殺人犯……。

——節錄自蜜雪兒的死囚室媒體紀錄，二〇〇二年二月二十日

我理解為什麼犯人們會想跟一個女人說話，因為在死囚室裡，他們很少有看到異性的機會。有一位死刑犯不會說英語，他說西班牙語時總是夾雜著很多俚語，所以我聽不太懂他在跟我講什麼。也許他是在說，他打算找出我的家人住在哪裡，然後把他們全都殺了。那時，我只是笑著點了點頭。他開始對我有點迷戀，不停地做項鍊送到我的辦公室。其中一條項鍊是一座十字架，上面串著一尊小小的耶穌像，另一條則是一顆愛心，上面寫著我名字的第一個字母。我很快就不再跟他說話了。即便某些犯人的舉動有點輕浮曖昧，大部分的犯人很少說出不恰當的話。大多數時

6 「謀殺紀念品」指的是在網路上販售殺人犯等重罪犯的私人物品，早在五〇年代，美國就有人開始搜集這類物品。商品種類五花八門，除了犯人的私人物品、犯罪兇器外，犯人親手製作的手工藝品、自畫像、聖誕賀卡和親筆信等也很受歡迎。銷售價格則隨著罪犯的知名度而有所不同，有時甚至可能高達幾千元美金。

候，我們聊的都是一些沒有意義的話題。

有一次，一名年輕英俊的西班牙裔男人向我坦承他的罪行。我說：「噢，所以你真的做了那件事嗎？」

然後，他笑著說：「是啊，我們不可能都是無辜的！」他實在是太有趣了。另一位犯人掛著燦爛的笑容說：「我聽說你脾氣不太好。」據說有人看到我把一名德國電視台的工作人員趕出去，因為他不按照規矩來。那名攝影記者一直擅自拍攝犯人，我給了他三次警告，他都無動於衷。於是我請獄警把犯人身上的麥克風拔掉，接著叫他們離開。就像費茲傑羅過去常說：「這些歐洲記者都裝出一副聽不懂英語的樣子，直到你跟他們說『不』為止。」那名記者都快要哭了。之後就有謠傳說我脾氣很壞，會把人弄哭。犯人們像群老女人一樣，到處說長道短。

還有一位犯人聽說我是個歌德族（goth）。我確實有著一頭黑髮、塗著深色口紅，而監獄裡也禁止穿白色的衣服（以免有什麼事發生時，你被誤認成犯人），但我絕不會把自己打扮成歌德族，就像治療樂團（The Cure）的羅伯特・史密斯（Robert Smith）一樣！這快把我笑死了。

一九八五年，當羅多爾福・赫南德茲（Rodolfo Hernandez）在輸運五名墨西哥非法移民時，他搶劫並開槍打傷他們五個人，並且殺死了其中一人。他入獄服刑期間得了糖尿病，一隻腿被截肢。當他要求裝上義肢時（因為他想要「像個男子漢般地」走到行刑室），獄方對此嗤之以鼻。他們說他不需要裝義肢，而且那太花錢了。因此，我和賴瑞把這件事洩漏給媒體。這似乎是件該做的事，我們不明白獄方為什麼如此不通情理。

我們應該同情他的處境嗎？或許不需要，他是一個殺人犯。然而，他們這些較為年長的犯人長年被關在死囚室裡，我時常替他們感到難過。也許是因為我看見他們頭髮灰白、皮膚乾枯，和我在大頭照裡看到的有天壤之別。他們已經不再是當年那個年輕的屁孩。又或者我對赫南德茲深表同情，代表埋藏在我內心的情緒已經開始滿溢。

在赫南德茲預定要被處死的前一天，他有一些媒體專訪，警方也派人前來。因為他們知道他掌握了一些未決懸案的細節。我們的規定是，在訪談的過程中，律師不能在場。但赫南德茲的律師拒絕離開，因為她不希望他坦承任何事。想必她認為，這樣會讓她更難協助他在最後一刻逃過一劫。我請她離開，她和我陷入爭論，最後她終於氣沖沖地跑出訪談室。當她要離開時，她對赫南德茲說：「你不准給我說任何事！」就在她走出那扇門的瞬間，赫南德茲說他想和警方聊聊。

他花了很長一段時間向他們說明，他以職業殺手身分犯下的所有謀殺案。他們將他的處決時間延後，好讓他把這些案子解釋清楚。在那之後，他感謝我把他的律師趕出去，因為這樣他才能對自己的良心有所交代。

赫南德茲在第一次排定的行刑日之前，緊張到什麼都吃不下。但當處決時間一到，他簡直判若兩人。突然間，他變得平靜祥和。因為再也沒有什麼事壓得他喘不過氣來。我跟他說：「噢，這次你有吃東西了？」他回答：「是啊，因為我知道自己做了正確的事。」他始終沒有裝上義肢。雖然先前我們洩漏給媒體的消息起了作用，獄方確實也做了一些努力，但都徒勞無功。因為這引發嚴重的葡萄球菌感染。

在赫南德茲被處死的那一天，我用西班牙語和他交談。他告訴我，我讓他想起他的女兒。接著他向我伸出手，我當場呆住了。一年前，一名七十八歲的牧師到死囚室裡探望一位名叫胡安・索里亞（Juan Soria）的死刑犯。當索里亞要牧師和他一起禱告時，牧師把手放在牢房的送飯口裡。索里亞用力一拉，把他的手臂扯斷了。然後，索里亞在牧師的手腕上綁了一條床單（床單的另一端綁在他的床鋪上），試圖用兩把剃刀把他的手臂割下來。這場磨難持續了好一陣子，最後矯正官只好對索里亞施以氣體麻醉，才把牧師救出來。

當赫南德茲伸出手時，我身旁都是獄警。我心想：「我的天啊！我怎麼做都不對……」幾秒鐘後，我稍微把手伸進他牢房的柵欄縫隙，於是他握了一下。至少他握到了我的手指。他是我唯一有過肢體接觸的犯人。我很擔心有人會覺得我很糟糕，但我更擔心會被他傳染。那天剩下的時間，我都在拚命刷洗我的手指。

”

他抬頭看著我，聲音裡滿是情緒。他的眼淚在眼眶裡打轉。他說：「你們今晚要殺了我。」我看著他說：「這是我工作中最討厭的部分。我只是在媒體室工作……我不喜歡它……我無法想像你的感受……。」他看著我，彷彿在說：「為什麼你要走了？」但，是我離開的時候了……。

——節錄自蜜雪兒的筆記中，對丹尼爾・厄爾・雷諾（Daniel Earl Reneau）伏法時的描述，二〇〇二年六月十三日

第7章

你再看一次

「因為拿破崙・比茲利在十七歲時犯下的案子，美國政府打算在二〇〇一年八月十五日殺死他。如果拿破崙・比茲利住在中國、葉門、吉爾吉斯、肯亞、俄羅斯、印尼、日本、古巴、新加坡、瓜地馬拉、喀麥隆、敘利亞，或是其他仍保有死刑的國家，他的命運就不會是如此。然而，他住在美利堅合眾國，正等著被處死。」

—— 國際特赦組織

「當你的丈夫在你的面前被殺死；當你的父親被人從你的生命中奪走時，即使用千言萬語也無法形容這一切——那種驚恐、哀痛、空虛、絕望、混亂和困惑……彷彿生命不再有任何意義……發生在我家人身上的這種犯罪案件，在任何號稱自由文明的社會都是無法容忍的。」

—— 小約翰・邁可・路提格，拿破崙・比茲利一案被害人，約翰路提格的兒子拿破崙・比茲利揮出「一桿進洞」，在行刑前的最後一刻，被德州刑事上訴法院（Texas Court of Criminal Appeals）准予暫緩執行。然而，二〇〇二年四月，在他被關進死囚室七年後，他的暫緩令被撤銷，並且重新排定在下個月執行死刑。在我為《亨茨維爾簡報》採訪他的那幾個月，我見過他很多次。因為他是青少年死刑的代表人物，很多家媒體都想報導他。進入監獄體系工作之後，我逐漸退居幕後，開始用不同的角度看待拿破崙。

因為我們有著類似的成長背景，而且年紀相仿，我們相處得十分融洽。他是個有趣的傢伙，時常會開些小玩笑。有一次他問我，我的工作內容是什麼。當我告訴他之後，他說：「你目睹死刑？那真是爛屎了！」我把這句話寫了下來，因為我覺得實在是太好笑了。

有些犯人似乎對自己犯下的罪行真心感到愧疚；大部分的死刑犯不是一開始就打算要做這些事。他們其實並非心理病態，因為他們不是某天早上起床後，就決定要殺了某個人。也許他們起初只打算到某個人的家裡行竊或搶劫某個人，最後卻殺了他。至於拿破崙的狀況又完全不同。

不只是因為我覺得他不會再惹事生非，而是我認為，如果他能有第二次機會，他會對這個社會有所貢獻。他原本可以有一番作為。當某個人被認定一級謀殺罪成立時，陪審團必須回答一個問題：「這個人未來是否會對社會造成威脅。」以拿破崙的案子來說，我認為陪審團有所誤解。話又說回來，一開始你也沒有想到拿破崙會做出那樣的事，所以我能理解陪審團為什麼這麼想。

所有和拿破崙有接觸的人似乎都很喜歡他。他的獄友們喜歡他，矯正官喜歡他，記者們也喜歡他。他們都知道他有罪，但我想他們多半都非常支持他，希望他可以再次被獲准暫緩行刑，或是被減刑。住在拿破崙隔壁牢房的傑佛瑞・道蒂（Jeffery Doughtie）告訴我，拿破崙即將被處決讓他有多難受：「拿破崙根本還沒學習如何活著，就要學習如何死去。」我也很支持他，卻對此懷抱著罪惡感。這就是拿破崙這個案子如此複雜的原因。

我可以輕鬆地說，拿破崙因為誤交損友而做了傻事，若他能有第二次機會，他不會再做同樣的事。他並沒有在我的母親躺在地上裝死時殺死我父親。這是令人髮指的罪行。當時，他的被害人在自己家裡，他們以為在那裡，他們就安全了。如果我是小約翰・邁可・路提格，我一定會希望拿破崙被處死。當拿破崙沒有奪走我任何東西時，我是否有權利同情他？

二〇〇二年五月二十八日早上，我和賴瑞去牢房裡探望拿破崙。我們在下午一點二十四分見到他。我在記事本上寫下這句話：「他比我想的更聰明。」我不知道他如此矮小，因為這是我第一次看到他站起身來。每當我在死囚室的探監房裡看到他時，他都坐在小房間的玻璃後面。他是一名身材結實的橄欖球員，所以我一直以為他很高大。突然間，拿破崙判若兩人。他不僅顯得退縮，眼睛下方也出現了眼袋；他似乎徹夜未眠。他變得沉默寡言。一般來說，我都會祝死刑犯好運，因為他們通常都有尚未做出判決的上訴。但這一次，我不知道該說什麼好。我的眼眶一陣灼熱，我覺得自己快要哭了。然而，我絕不能哭。

賴瑞．費茲傑羅

拿破崙被關在死囚室裡的時間，幾乎和我在德州刑事司法部的時間一樣長。當我第一次見到他時，我很驚訝他是如此年輕。這也是最讓我難受的地方——他犯案時是個十七歲的孩子，不能投票、購買酒或香菸，卻已經到達可以被處決的年紀。當他們把他關在郡立監獄之後，我聽說他不會睡在床鋪上，而是睡在地板上。我想這是他懲罰自己的方式。當死囚室還在艾利斯監獄時，獄方會指派工作給犯人。他們讓他擔任守門人，這代表他是典獄長能夠信賴的人。他就像他的父母親一樣，總是彬彬有禮，並且服從每個指令。在監獄裡，他是我們所謂的「模範囚犯」，值得給他第二次機會。

在他被處死的那一天，我和蜜雪兒回到死亡之家，向他說明死刑執行的流程。我突然覺得，他必須把遺言寫下來，而不是在輪床上寥寥數語就結束了。因為他是如此聰明。於是我跟他說：「如果你有什麼話想說，把你心裡的感受寫出來。等這一切結束後，我會確保它被記錄下來，並且發送出去。」他同意了。在我們要離開之前，我轉身對他說：「拿破崙，你看起來很平靜。」他回答：「你再看一次。」我握握他的手，然後就離開了。但我始終無法將這段對話逐出腦海。當我再看到他時，他已經牢牢地被綁在輪床上。

我受到很大的衝擊。拿破崙的死帶給我深遠的影響。他是我的朋友，看著他離開，令我很難過，而且開始對死刑極度厭倦……。

那天下午，我必須把拿破崙的遺言打出來給媒體。不到一個小時，他就寫好了。但內容非常真誠，文筆也很流暢，讓人印象深刻。我邊打字邊期盼，他能再次被獲准暫緩行刑，因為我不想看著他死去。然而，同時又對此懷抱著罪惡感。這真是五味雜陳的一天。特赦與假釋委員會通常會一致同意，不將死刑犯改判無期徒刑或准予暫緩行刑，但以拿破崙這個案子來說，他們的票數分別是十比七和十三比四。這代表他們的意見還是有極大的分歧。接著新聞報導說，最高法院以六比零的票數反對暫緩處決拿破崙。

我只能拚命壓抑自己的情緒，因為這是第一次賴瑞讓我召開記者會，我不想令他失望。在大多數死刑結束後，我們都不會召開記者會，因為感興趣的媒體並不多。就算有記者會，通常也只是在內部召開小型記者會而已。但因為有非常多媒體為了拿破崙來到鎮上，我們在外頭搭設了講台。所有泰勒郡的媒體，以及全國性大報都來了，而且我還要參加 CNN 的現場直播，所以如果我開始哭泣，看起來會很狼狽。

我先打了一份草稿，略去一些細節待之後補上——宣告死亡的時間、遺言和他的神情舉止，然後前往行刑室。當拿破崙以二十五歲的年紀在輪床上死去時，我正在寫筆記……

”

他面無表情，沒有抬頭看……當典獄長問他是否有遺言要交代時，他說：「不，不」……他閉上眼睛、咳了幾聲……他不曾睜開眼睛……他微微笑了一下？他咳了十聲——當他咳到第三聲時，劇烈痙攣使他的頭離開了床面。

——節錄自蜜雪兒的筆記中，對拿破崙・比茲利伏法時的描述
二〇〇二年五月二十八日

拿破崙・比茲利的手寫遺言

我犯下的罪行不只可惡，也是極為愚蠢的。但那個犯罪的惡人已經不復存在。我不會掙扎。我不會大聲嚷嚷、辱罵或語帶威脅。對於今晚即將發生在這裡的一切，我雖然理解，卻也感到沮喪、悲傷。我不僅悲傷，也對我們的制度感到失望。它應該要保護並支持像我這樣的人，讓我們可以改過自新，不再犯同樣的錯誤。

如果有人試圖要將這裡所有殺過人的囚犯都處理掉，我會大喊：「不。」我會

請他給他們第二次機會。這是他不願意給我的。

我很難過我在這裡。我很難過你們都在這裡。我很難過約翰・路提格去世了。因為我造成了這一切，我感到很抱歉。

今晚，我們將昭告天下，在正義底下沒有第二次機會……今晚，我們將告訴我們的孩子，在某些情況下，殺人是對的。

這樣的矛盾使我們每個人都受到傷害，沒有人得利。支持他們處死我的人認為這是正義。覺得我應該活下去的人覺得那才是正義。這似乎極其困難——兩種原則相互牴觸，而兩派人馬都覺得自己才是對的。然而，若是我們最後都成了受害者，豈還有孰是孰非的問題？

我必須相信，在這兩種原則當中，一定可以找到折衷的做法。即便這沒有發生在我身上也沒有關係，只要能用在其他人身上就好。死囚室裡有很多像我這樣的人。他們都是好人，被某些情緒誤導，卻無法像我一樣復原。

給這些人一個機會，讓他們做正確的事。給他們一個機會，讓他們改過自新。他們多半都想痛改前非，卻不知道該怎麼做。問題不在於人們不願意協助他們找出答案，而是我們的制度告訴他們，這根本無所謂。

今晚，沒有人是贏家。沒有人得到解脫；沒有人凱旋而歸。

第8章

或許這樣才能不再痛苦

「你知道對我來說，最可怕的惡夢是什麼嗎？那就是你把我帶到死亡之家、把我殺了，結果隔天醒來，我又回到死囚室裡。」

——前死刑犯湯瑪斯・米勒・艾爾（Thomas Miller-El）

「對於那些指責我們的法律很野蠻的人，我實在沒有什麼耐性。」

——前哈里斯郡地方檢察官小約翰・霍姆斯（John B. Holmes Jr）

在看著拿破崙死去之後，我一路哭回家。我覺得我剛才目睹了一個好人被處死。我跟他太熟了。至少沒有人知道我的感受如何，即便事後我希望他們多少有點印象。如果說二〇〇一年，在拿破崙被准予暫緩行刑前，那些信件和電子郵件是嚴厲的指責，這次又是另一種不同的等級。因為我現在在監獄體系工作，根本不該回覆它們，但我就是忍不住。我現在正因為拿破崙的死感到痛苦，還要被這個無情的賤人攻擊。我心想：「你又不認識我，你不知道我內心的感受。」沒有人知道我心裡有什麼感受，甚至連我自己都不知道。

有一名牧師從德國寫信給我，極力勸阻我「不要再做這份醜惡的工作，助紂為虐」。我非常火大，把他臭罵了一頓。我告訴他，我很驚訝一個神職人員竟是如此「尖酸刻薄」。有一些來自挪威的人跟我說，我應該要譴責死刑「粗暴野蠻」，而不是站在那裡看著人們死去。我回覆說：「我不知道怎麼會有人敢對自己完全不認識的人說教。你沒有權利這麼做。」

我收到一封歪七扭八的手寫信，那是愛爾蘭的阿斯隆（Athlone）一位名叫格雷戈里（Gregory）的男子寫來的。他說我「享受」目睹處決的過程，那種嘴臉很「噁心」。他在信的最後邀請我到愛爾蘭度假。我知道愛爾蘭人很好客，但應該還沒有到這種程度。

因為CNN終於播放一年前克莉絲汀・艾曼普對我的專訪（去你的克莉絲汀・艾曼普！），我收到許多惡毒的信件和電子郵件，雖然我也收到一些支持我的訊息。有些信件令我很生氣。其中一封信說拿破崙「罪有應得」，還有一位來自英國的女人把拿破崙比作英國的連續殺人犯米拉・辛德利（Myra Hindley）和羅絲・韋斯特（Rose West）。有些人非常友善，直到他們知道我的穿著打扮為止。

在拿破崙被處決一個月後，羅伯特・庫爾森（Robert Coulson）也預定要被處死。庫爾森因為一九九二年在休士頓殺死了自己家族的五名成員，以及一個尚未出生的胎兒，被判處死刑。據說庫爾森用塑膠袋把被害人悶死，他將他們綁起來之後，再放火燒了那間房子。這樣一來，他就可以要求繼承一筆六十萬元美金的財產。庫爾森一直堅稱是警察栽贓嫁禍給他，但他的一名同夥立刻招認，沒有人理睬庫爾森的說法。每當我到死囚室去時，我都會跟他聊天。他曾經跟我說：「你彷彿帶來了陽光。」不管他過去做了些什麼，他感覺十分友善，他這句話也讓我感到喜悅。在他要被處決之前，他寫了一封信給我。信的一開頭寫著：「當你讀到這封信時，他們已經把我殺了……」我拿到信時，已經是幾天後的事了。這封信語調親切和善，我邊讀邊想著：「這太瘋狂了，我才剛看著這傢伙死去……」

還有一封信令我感到非常困擾，那是傑拉德・米契爾寫來的（一九八五年，他在休士頓搶劫並開槍打死兩位男性）。米契爾因為沒有使我留下好印象而道歉，這讓我感覺很不好。我一點也不認為他很糟糕，我只覺得他太緊張了。這封信是以精雕細琢、幾近哥德體的字體手寫的。我心想：「你有太多事要擔心了，你根本不該擔心這個。」我希望我可以在他被處死前收到這封信，這樣我就能告訴他，其實他給我的印象不錯。

因為我看起來很快樂，我和這些犯人平常相處的人不太一樣。我想，我像是他們陰暗生命裡的一絲光亮。他們不被允許碰觸任何人，他們唯一的肢體接觸就是被押解時，獄警會把手放在他們的手肘上。我沒有惡意批評的意思，只是他們已經沒有什麼可以失去的了。

在馬汀・古魯爾越獄之前，死刑犯和一般犯人沒有太大的不同。他們兩個人同住一間牢房、被指派工作、上教會、有電視機，可以在監獄食堂和其他犯人一起用餐。艾利斯監獄裡有間休息室，犯人們可以在那裡進行交際。牢房對面的牆上有電視，所以他們可以看休士頓太空人（Houston Astros）的棒球賽，或是達拉斯牛仔的橄欖球賽。他們的牢房門上掛著棋盤，他們可以在上面下棋，或是在走道的毯子上玩骨牌遊戲。然而，當他們把所有死刑犯都移到普朗斯基監獄時，這一切都受到管制。這也就是為什麼，這裡是德州坐牢最辛苦的地方之一。

如果他們表現好，他們可以使用收音機、打字機，而且一天有一個小時的放風時間。他們也可以訂閱報紙和雜誌，除非裡面有裸女照，或是教他們如何越獄。那裡也有一間圖書館，可以借書來看。若是他們表現得不太好，他們的收音機就會被沒收，而且一星期只有三、四個小時的放風時間。

湯瑪斯・梅森曾經告訴我，如果他們可以在死囚室裡看電視，他們會表現得比較好。因為沒收電視機和沒收收音機，是兩件完全不同的事。若是他們真的表現得很差，他們就只能在牢房裡看法律資料，而且一星期只有一個小時的放風時間。但即使他們離開牢房，他們還是不能碰觸任何人。你會看到他們玩一種叫「模仿投籃」（horse）的遊戲——你投完一球之後，另一個人也站在同一位置投球；投球時可以單腳站立，或用任何你想要的姿勢。雖然兩名犯人中間隔著巨大的鐵鍊圍欄，這也是一種親暱的表現。

有些犯人有棋盤，他們會和他們隔壁的獄友下盲棋，直接把他們的走法喊出來。有時候，他們會躺在地板上，透過牢房門底下的縫隙聊天。然而，他們多半只是坐在牢房裡握緊拳頭。

史蒂芬・穆迪（Stephen Moody）對此做出了總結（一九九三年，他因為開槍打死一位男性而被判處死刑）。「你有在動物園看過被囚禁的動物有怎樣的眼神嗎？

如果有，你很難不注意到那種痛苦和迷惘。牠們在籠子裡來回踱步，哪裡也去不了。日子一年年過去，牠們變得越來越迷惘、越來越迷失自我……」穆迪在入獄服刑十幾年後——二〇〇九年九月十六日被處決。

有一次，獄警在牢房裡搜查違禁品時，找到一小罐黑寡婦蜘蛛的幼蟲。那位犯人正試圖取出這些蜘蛛的毒液，好讓他塗在長矛尖端，並且用它來行刺獄警。麥可・麥布萊德（Michael McBride）是死刑犯中特別奇怪的一個。他設法弄到一個洗髮精的瓶子和一些墨西哥辣椒的辣椒籽，如果有人惹毛他，他就可以把辣椒汁液噴進他們的眼睛裡（似乎所有人都惹到他了）。

當你長年被關在狹小的牢房裡，牢房窗戶只有些許縫隙時，你會慢慢地變得有點精神異常（還不到發瘋的程度），如果又沒有好好表現的動機，就會做出這種事來。這就是為什麼，獄方總是警告我們要小心這些犯人。若是他們沒有要傷害其他人，他們也可能會傷害自己。比方說，安德烈・湯瑪斯（Andre Thomas）挖出自己的一隻眼珠，然後把它吃了（在被關進死囚室前，他就已經在郡立監獄挖出了另一隻）。

每間牢房的外面會有小小的標誌，因此如果一名犯人有越獄傾向，他的牢房外就會貼上有「ES」字樣的貼紙。除此之外，還有代表襲擊獄警或自殘的貼紙，某些牢房會貼滿這些貼紙。有一天，當我站在外頭監督媒體拍攝時，有個傢伙被人用輪椅推了出來。他的脖子上插著一支長矛。他用手握著那支長矛，非常冷靜的樣子。那時，我滿腦子想的都是：「我的天啊！他們要把他推出門外了……」接著我心想：「我絕不能讓記者們看到這個。」不知怎地，那傢伙在還沒有任何記者注意到之前，就火速搭車離開了。

他是一位特約攝影師，當時正在在死囚室裡架設攝影機；犯人們不喜歡攝影機。於是他們有人用自製長矛刺傷了他。那支長矛的柄是用紙緊緊捲成，尖端則可能是將床鋪的金屬部分折斷後製成。

還有一位名叫羅伯特・普魯特（Robert Pruett）的犯人，他因為在另一間監獄用刀子刺死了一名矯正官，被判處死刑。據說這是因為那名獄警寫了一篇對他不利的報告。當這種事發生時，我們通常都會發現，有獄警在幾個月前惹毛了那位犯人。獄警或許忘了那件事，但犯人是不會忘記的。他會坐在牢房裡，讓不滿的情緒持續滋長，直到他逮到機會報仇為止。

大部分的死刑犯都極度渴望與外界的某種連結。因為他們沒有電視，看不到人們的穿著。此外，因為在普朗斯基監獄收訊不好，他們多半都聽利文斯頓的區域電台。人們會打電話進去跟犯人們打招呼，他們是一群非常獨特的聽眾。有一位年輕、有趣的西班牙裔男子名叫蘭迪・阿若優（Randy Arroyo），他來自聖安東尼奧，過去常戴著吸汗頭帶和護腕來到探監房，就像是《閃舞》（*Flashdance*）裡的演員一樣。他走進來時，樣子或許很酷，但我不會告訴他現在已經不流行這個了。

很多死刑犯對手機或網路一無所知，他們都是白髮蒼蒼的老人，完全與時代脫節。他們對真實世界的體驗，從被關進牢裡的那天起就停止了。然而，不少年輕人在特定網站上註冊，幫他們尋找適合的筆友。即便犯人們無法使用電腦，還是有外界的朋友願意以他們的名義建立這些網頁；筆友就是他們與自由世界的連結。犯人們會要求他們寄雜誌或報紙給他們，或是在書裡夾帶一些錢，讓他們可以買零嘴吃。

一九九一年，法利・馬切特（Farley Matchett）用鐵鎚打死了兩個人，這當中有一個人在亨茨維爾。他和法國女演員碧姬・芭杜（Brigitte Bardot）是筆友。格雷戈里・桑莫斯（Gregory Summers）則是和義大利的學童們通信。沒有人知道為什麼，他們的老師會覺得他們要寫信給一個刺死自己養父母的人（這名老師希望桑莫斯死後能葬在比薩〔Pisa〕）。

有幾位犯人在部落格上展現豐沛的創造力和出色的文采，試著讓人們理解，他們為什麼會被判處死刑。當湯瑪斯・巴特列特・惠提克（Thomas Bartlett Whitaker）告訴他的父母親，他考完了期末考，並且從山姆休士頓州立大學畢業時，他們送給他一支勞力士手錶，然後帶他出去吃晚餐慶祝。當他們回到家時，有個人闖了進來，開槍打死了惠提克的母親和兄弟。他和他的父親也被槍擊中，但兩人都活了下來。

結果事後發現，惠提克不僅沒有畢業，他甚至根本沒有在山姆休士頓州立大學註冊。除此之外，還發現這起謀殺案是惠提克一手策畫的。惠提克的父親在法庭上請求法官饒他兒子一命，但徒勞無功。我為這個男人的不幸感到十分難過。惠提克入獄服刑期間，他在一個名叫「六點前的幾分鐘」（Minutes Before Six）的部落格上，大量書寫他的經歷。這個部落格一開始是由他的父親，後來則是由外界的朋友們負責管理。他也會請其他犯人寫詩或故事，但主要還是以他的作品為主。上面也有一些比較輕鬆的東西，像是食譜。他曾經說明如何用一包壓碎的洋芋片和鮪魚罐頭製作塔瑪利（tamale）；那是一種傳統墨西哥料理。這樣說也許有點奇怪，但從這裡就可以看出某些犯人非常聰明。

惠提克的作品贏得了各種獎項，使整件事顯得更加悲傷。就像拿破崙一樣，他原本可以有一番作為，卻毀了別人和他自己的人生。和拿破崙不同的是，惠提克被認識他的人形容成鐵石心腸的反社會人格者。

”

如果一個人能聽見自己的棺材闔上的聲音，那聽起來就像是牢房門關上的聲音。我還記得我站在那扇門前，然後走進十英呎寬、六英呎高的牢籠裡。這將是我養老的地方，而我也將在這裡度過我的黃金歲月。

——湯瑪斯・惠提克，「六點前的幾分鐘」，二〇〇七年七月二十四日

還有一些死刑犯不僅想要筆友，他們還想要一個妻子。有一群女人宣稱自己愛上他們，千里迢迢從歐洲跑來，和某個殺了很多人的傢伙結婚；我對她們深感興趣。這些人每個月會來待上一段時間，比方說，她們會在八月底來到這裡，然後一直待到九月的第一個星期。她們把兩次探訪排在一起，以節省旅途時間。國際特赦組織會付錢給她們當中的某些人，以致於身為死刑犯的妻子幾乎像是一份工作。

我曾經為了寫一篇專題報導訪問過一名這樣的女性。她說吸引她的地方在於，這是一段「安全」的關係——她鮮少見到她的丈夫，他們之間沒有肢體接觸；他無法欺騙她，也就不會傷了她的心。老實說，和死刑犯約會比和真實世界的男人約會

容易。他們的關係十分親密，因為他所有的注意力都在她身上，但他無法做任何傷害她的事。真是詭異。噁心的是，有些犯人還是很花心。有一次，某位死刑犯的兩個女朋友同時現身，現場一片火爆。事實證明，如果一個人真的想要欺騙，他一定會找到方法。

若是他們彼此都真心誠意，這段關係或許會很甜蜜。但我質疑某些妻子的動機不單純。她們經常在目睹死刑時跪在地上嚎啕大哭，像是演出來的。曾經有一名來自德國的妻子不肯把鞋子穿上，因為她覺得這樣可以讓死刑被迫中止。我們向她表明，就算沒有她，死刑也會照常執行。這些女人以悲情演出換取十五分鐘的名聲；我替被害人家屬和死刑犯家屬感到難過。還有一次，一名妻子和死刑犯的母親在觀刑室發生激烈爭吵，因為他的母親想認領他的遺體，而他的妻子想把他葬在歐洲。這些妻子幾乎不了解她們的丈夫，她們甚至沒有碰觸過他們。他們只是有信件往來而已。

不過，一位來自艾爾帕索、名叫喬治・里瓦斯（George Rivas）的犯人，確實有過一段誠摯的關係。里瓦斯非常粗暴，他是一個外號叫「德州七惡」（The Texas Seven）的幫派領袖，曾經在二〇〇一年發動德州史上最大規模的越獄事件。那時，犯人們正在凱內迪（Kenedy）康納利監獄（Connally Unit）的一間工廠工作。他們制伏了一些工人，偷走他們的衣服、闖進監獄的槍械庫，然後從那裡開車離開。里瓦斯撂下一句話：「這件事還沒有結束呢！」

在逃跑的過程中，他們犯下了非常多搶案，並且在《美國頭號通緝犯》中露過臉。之後，他們在達拉斯搶劫一家運動用品店時被一名警察撞見，於是開槍打死了他。在被逮捕前，他們一路逃到科羅拉多州。但在那之前，其中一位成員選擇自我了斷，因為他不想再被抓回去關。

由於執法當局無法判定到底是誰殺死了那名警察——他中了十一槍，基於集體犯罪法[1]（Law of Parties），即便你沒有扣下扳機，還是可以依殺人罪起訴。這經常引發爭議，因為沒有實際殺死任何人也會被判處死刑。比方說，湯瑪斯・巴特列特・惠提克因為一手策畫殺死他母親和兄弟的那起謀殺案，被判處死刑，但他雇用的槍手只被判處無期徒刑。然而，以里瓦斯這個案子來說，是有點道理可言的。他們六個人全都被判處死刑，其中里瓦斯是第二個被處決的。

死囚室的獄警告訴我，當里瓦斯在等待受審時，他收到一位自由記者的來信。

1 集體犯罪法是美國德州特有的法律，在這樣的法律底下，涉案的每一個人都要為整起犯罪案件的結果負責，不論他在案件中扮演何種角色。

她在新聞裡看到他，被他的某種特質吸引，於是他們發展出一段關係。他受審時，她幾乎都會出席，在他抵達普朗斯基監獄後不久，他們就結婚了。獄警跟我說，她聰明伶俐、把生活安排得井然有序，感覺是個正常人。她搬到普朗斯基監獄附近，這樣她就可以每個星期都來看他。然後，他們結婚了——里瓦斯同意在申請文件上簽字，接著新娘把文件帶到法院，一名「代理新郎」代替里瓦斯參加公證儀式。他們最後離婚了，根據里瓦斯的說法，這是因為她覺得自己無法承受看著他死去的痛苦。

當里瓦斯在受審時被問到他越獄的動機，他回答：「我不想老死在監獄裡。」我實在無法責怪他。基於同樣的理由，有些犯人會要求他們的律師不要再提起上訴，而且自願被處死，這當中也包含里瓦斯的一位同夥，麥可・羅德里格茲（Michael Rodriguez）。這些犯人的辯護律師明知自己的當事人有罪，只想一死了之，卻依然四處奔走、提起上訴，並且提出一大堆奇怪的抗辯。這對我而言，是很詭異的一件事。

”

對我來說，最難熬的是這十三年來，我審視自己並知道我奪走了一條人命。那些回憶在我心頭揮之不去。我想，或許把我放在輪床上才能讓我不再痛苦。

——傑佛瑞・塔克（Jeffery Tucker），二〇〇一年十一月十四日被處決

曾經有一名犯人待在死亡之家的牢房裡，他已經做好心理準備，接受自己將要被處死的事實。當我告訴他，他的律師為他贏得一次暫緩行刑時，他十分沮喪。他說：「這就意味著我還要待在這個鬼地方六個多月。」我明白辯護律師多半都是好人，他們堅決反對死刑，並且以這樣的理念奮戰。然而，現實是德州有死刑，而且有些當事人不想被拯救。因為他們已經不想再待在監獄裡了。就像拿破崙說的，被判處死刑就如同得了絕症。也許這就是為什麼，死刑犯們會彼此憐惜；這在一般犯人身上是很少見的。這些即將死去的人相互疼惜，提醒了我們，生命即使險惡，仍舊保有了些許美麗。

咖啡色紙袋裡裝的是什麼？

——路易・拉米瑞茲（Luis Ramirez）

我要跟你們分享一個很久以前發生的故事。這對大部分的死刑犯來說，都是一個熟悉的故事。現在，你們這些「自由世界」裡的人，或許會因此獲得啟發。這是我第一天來到死囚室時的事。

一九九九年五月，我來到這裡。我已經忘記確切的日期。我記得我在下午抵達。我被安置在亨茨維爾艾利斯監獄 H-20 舍的一間牢房內。當時，我內心的情緒排山倒海而來。我還記得，牢房裡只有一張床墊、一個枕頭、幾張床單、一個枕頭套、一捲衛生紙，還有一條毯子。我坐在那裡，徹底迷失。

我第一個見到的人是拿破崙・比茲利。那個時候，死刑犯還會工作。當時，他負責清理舍房，並且在用餐時間幫忙送餐。他正四處走動、拿起那些看起來很可笑的橡膠靴，把裡面的蟲卵清除掉。他來到我的牢房前，問我是不是新來的。我跟他說，我剛來到死囚室。

他問我叫什麼名字。我覺得他沒有任何惡意，就把我的名字告訴他。接著他往後退了幾步，這樣他就能將三層樓的牢房盡收眼底。他對著所有人大喊：「這裡有個新來的人。他才剛到。他的名字叫路易・拉米瑞茲。」一開始，我不知道他這麼做是什麼意思。我以為我做錯了什麼事。

你們看，就像你們多數人一樣，我原本也以為所有死刑犯都很邪惡。我以為我會在這裡遇到數百個漢尼拔・萊克特。現在他們全都知道我的名字了。我心想：「噢，這是第一步。」我確定他們很快就會來騷擾我了。電影裡都是這樣演的。

嗯，結果這並沒有發生。送完晚餐後，拿破崙再次清理地面。當他經過我的牢房時，他把一個咖啡色紙袋掃了進來。我問他：「這是什麼？」他叫我自己打開來看，然後就繼續往前走。天啊！我不知道裡面會有什麼。肯定是一些不好的東西。但我克制不住自己的好奇心；我小心翼翼地把紙袋打開。我完全沒有想到，裡面居然裝著我在這裡需要的所有東西。

紙袋裡有一些郵票、信封、記事本、筆、肥皂、洗髮精、牙膏、牙刷、一塊小糕點、一瓶汽水，還有幾包泡麵。我還記得，我問拿破崙這些東西是哪裡來的。他告訴我，所有人都給予支援。因為他們知道我什麼東西都沒有，而且還要一陣子才能拿到它們。我請他找出提供協助的人，我想要付錢給他們。他說：「事情不是這樣的。下次你看到像你這樣剛來到這裡的人時，記得拿點東西出來就好。」

我坐在床鋪上，床上放著這袋好東西，我回想著剛才發生在我身上的事。我完全沒有想到，這些死刑犯竟是如此友善、慷慨。他們知道我需要什麼，並且主動給予協助。他們不要求報償。他們這麼做不是為了認識的朋友，而是為了一個陌生人。我不知道他們做出這樣的善行時，心裡有什麼感受。我只知道，那十二個「好人」[2]認定我已經無可救藥。那些「好人」能提供給我們的補救方法，就是要我們去死。不知道為什麼，他們和我看到的並不一致。這些人剛才對我如此仁慈，怎麼會被認為是「壞到不能再壞」呢？

自從拿破崙因為年少時犯下的案件被處決之後，我就想跟他的家人分享這個故事。我希望他們明白，他們的兒子是個善良的人。我永遠都不會忘記他。我想讓他們知道，我們的社會辜負了像他這樣的人。我對此感到非常難過。

他們認為，他們無法正確地教導我們的年輕人，或者給他們關愛。我依然覺得這很荒謬。他們認定一個青少年無可救藥，唯一的解決辦法就是處死他。這令我十分震驚。悲慘的是，這是一個被「好人」們認為「壞到不能再壞」的人點出來的。

我的老天！

咖啡色紙袋裡裝的是什麼？我看見了滿滿的友愛、關懷、仁慈和憐憫，而我不曾看過自由世界裡的「好人」這麼做。

路易・拉米瑞茲因為一九九八年四月八日在坦尼森（Tennyson）殺死了尼美西奧・南丁（Nemecio Nandin），在二〇〇五年十月二十日被處決。

2　美國的陪審團分為小陪審團和大陪審團兩種，最常見的是小陪審團，人數最少五到六人，最多可達十二人。一般來說，審理刑事案件時都會有十二名陪審員。

第9章

一個可怕的地方

「這並不困難。我對它有點期待。」

——埃里克・馬丁尼茲（Erick Martinez）對殺死母親的兇手，路易・薩拉札爾（Luis Salazar）伏法時的描述

「只有我兒子來敲我的門，跟我說『我回來了』，我才會得到解脫。」

——小唐納・惠廷頓（Donald Whittington Jr）對殺死兒子的兇手，賈斯汀・富勒（Justin Fuller）伏法時的描述

二〇〇三年，賴瑞・費茲傑羅、拉里・陶德和格蘭・卡斯貝瑞在同一天一起辭職，因為他們三個人都可以申請優渥的退休獎勵金。然而，我覺得費茲傑羅並沒有準備好要退休。他的母親年紀非常大（她活了超過一百歲），他花了很多時間照顧她。他們之間的關係很有意思。他過去常帶她去看棒球賽，還會幫她戴上休士頓太空人的帽子。但賴瑞還年輕，而且他不是那種足不出戶、喜歡在庭院裡輕鬆幹活的人。

很快地，他又開始在緊急事務管理辦公室（Office of Emergency Management，簡稱 OEM）工作。這份工作要面對森林大火和颶風，十分符合他的專長。不過，他已經不在前線工作；我想他應該很懷念和記者們打交道、互開玩笑的日子。賴瑞很聰明，犯罪新聞記者也很聰明，跟他們交談可不像和一般人在店裡聊天那麼簡單。

我喜歡和他一起工作，他教會了我很多事。每一件記者讚美我的事——誠實坦率、樂於協助，都是從賴瑞身上學到的。他教導我如何把工作做好。舉例來說，當我剛開始在德州刑事司法部工作時，我非常害怕接受電台訪問。電視專訪完全難不倒我，但廣播節目總是令我感到不安。因為我擔心自己沒有提供他們精彩的發言。有好一陣子，我都極力避免接受電台訪問。不過，我聽取賴瑞的建議並努力學習，後來變得很在行。在他離開之後，他仍然會給我一些意見，即便我從未要求他這麼做。因為當時我年輕、固執，不想表現出軟弱的樣子。

每隔幾個月，我都會去參加在奧斯汀舉行的監獄董事會；我會順道去看他和他的妻子，並且和他一同回憶過往的時光。他會寄有趣的電子郵件和文章給我，內容通常都是關於即將執行的死刑，以及監獄體系讓他覺得荒謬詭異的地方。他會在下午五點四十五分打電話給我（他很清楚，死刑會在十五分鐘內執行），然後說：「嘿，最近好嗎？葛拉澤克在那裡嗎？你知道的，姑娘，你必須做這個、這個，還有這個……」

他想念這一切，試著要提供協助，但這讓我快抓狂了。我會說：「我知道，賴瑞，我知道！」這就像跟父母親講話一樣，令人感到沮喪。然而，我非常想念他，因為我很喜歡他。每個人都喜歡他，甚至連犯人們都喜歡他。他們會把所有事都告訴他。賴瑞一直都是德州刑事司法部的代表人物，而且他永遠都會是。

賴瑞・費茲傑羅

我不曾想過我會在監獄體系工作，也沒有想過我會從監獄體系退休，但這兩件事都發生了。我在德州刑事司法部工作的頭兩年很有意思。德州監獄體系的員工常被說很低能，但事實並非如此。有些人不管到哪裡都無法融入環境，但大多數人只是從事一份工作，並且因為這份工作受人敬重。我在亨茨維爾交到很多朋友，在那裡擁有美好的回憶。然而，我開始有種感覺：「我在那裡待得太久了。」

媒體經常問我：「你支持死刑嗎？」我總是閃避這個問題，回答說：「無論我支不支持，都和這篇報導沒有什麼關係。」我不能選邊站，因為如果我說反對，我會得罪所有的被害人家屬；如果我說支持，我會得罪一大票死刑犯。邁克・葛拉澤克比我目睹過更多死刑，我也從來不知道他對死刑有什麼看法。這件事本該如此，而這也使他成為一位優秀的記者。事實是我過去一直支持死刑。你不會在認識像肯尼斯・艾倫・麥德夫這樣的人之後，還說你反對死刑。當拿破崙受審時，如果我是陪審團成員，我也會投死刑一票。我後來跟拿破崙變得很熟，而且很喜歡他。但陪審員只覺得他是個惡魔。

我開始覺得死刑在德州太氾濫了。某些被處決的人，其實只要判無期徒刑就可以了。也有某幾個被處死的人，我認為他們可能是無辜的。然而，我也漸漸明白，在處決的過程中，所有人——死刑犯、死刑犯家屬和被害人家屬都成了受害者。我始終深信，死刑無法帶來解脫。看著殺死自己親人的人死去，或許會立刻有種被補償的感覺，但這只是另一個醜陋故事的開始。我公開這麼說，承受了來自被害人家屬的巨大壓力。但我就是認為，處死一個人並沒有達到任何目的。

我看著女人們在觀刑室裡崩潰，她們拚命敲打玻璃，並且用力踢著牆壁。我逐漸對這一切感到厭倦。我清楚記得，賴瑞・羅比森（Larry Robison）的母親就是這麼做的。羅比森犯下了一起極其恐怖的案件；這起案件發生在一九八二年的沃斯堡。那時，瑞奇・布萊恩（Rickey Bryant）的母親去他家看他，結果發現他死在廚房的地板上。他的頭被砍下來放在手臂底下；他的生殖器在廚房的水槽裡被找到。在隔壁房間，還有四名被害人被用刀刺死和開槍打死，其中包含一名十一歲男童。

隔天，羅比森就被逮捕了。在他被處決的那一天——二〇〇〇年一月，他的母親大聲斥責我：「你們殺了我兒子！」羅比森確實很瘋狂，但他的母親更糟。儘管這讓人難以接受，我還是忍不住替她感到難過。

此外，我還在觀刑室裡看過其他可怕的事。曾經有一位死刑犯囤積了大量的藥物，在他被處決的前一天，試圖在牢房裡自殺。他們用飛機把他運送至加爾維斯敦的監獄醫院，將他的腸胃灌滿活性碳，好讓毒物排出，然後再送回亨茨維爾。這樣他們才能處死他。我覺得這很諷刺。當他們把他綁在輪床上時，他開始大量吐出某種紫色的液體，我想他正處於大失血狀態。不久前，佛羅里達州的監獄在處決過程中使用一塊人造海綿，當時犯人的頭部就著火了。

因此，我站在那裡心想：「現在換我們遇到災難了。我到底要怎麼向媒體說明？」在他被處決之後，我碰巧遇到部長韋恩．史考特。他告訴我，這位死刑犯在牢房裡喝了一杯水果酒，結果和他腸胃裡殘留的活性碳起了化學反應。至少我找到了一個說法。像這樣的事你不會馬上忘記，但那些我不記得的處決過程——沒有戲劇性、沒有人前來見證的死刑，才是最讓我難受的。這些犯人死了，卻完全沒有人注意到。這令人感到悲傷。

蜜雪兒是對的，有幾個月，我確實想念這份工作。我喜歡它的絕大部分，而且覺得我做得很好。我的工作是告訴人們，亨茨維爾的各個監獄裡發生了什麼事；我這麼做是因為我覺得他們有權知道。但過了一陣子，我無法告訴你，我有多開心自已離開了。監獄是個可怕的地方，它會改變一個人，帶來深遠的影響。我曾經目睹了兩百一十九次死刑，不想再次目睹，也許除了這名犯人以外——我經常跟蜜雪兒說，我想回去目睹約翰·威廉·金恩被處死。

他是殺死小詹姆斯·伯德的幾個白人至上主義者當中的主謀。這起謀殺案發生在賈斯伯，非常恐怖。金恩是一個很可怕的人，同時也是個大混蛋。我們一直處不來；我總覺得我必須藉由目睹這最後一次死刑，為我的這段人生做個了結。遺憾的是，他還在死囚室裡活得好好的[1]……。

1 二〇一八年，賈斯伯郡地方法院已簽署約翰·威廉·金恩的死刑執行令，預定於二〇一九年四月二十四日執行。

”

我不太能和人們談論我所扮演的角色，也沒有其他牧師知道我內心的感受。不過，我有兩、三個好朋友可以聽我傾訴，賴瑞就是其中一個。我們每天都會聊聊。他的腦中總是充滿著瘋狂的點子和殘酷的幽默。但他很專業，為人也很正直。沒有人比賴瑞更適合為犯人們發聲。

很多人討厭我們，因為我們在監獄體系工作。這些年來，我接到許多死亡威脅，但我更做不來賴瑞的工作。他必須說出真相，但要說得巧妙；他在兩者之間取得了一個平衡，這極其困難。他成了德州執行死刑的代表人物，但其實他對死刑有著很矛盾的感受。

賴瑞承受了很大的壓力，生死對他來說，是個艱難的課題。他的母親生病了，他還有位連襟身體也很不好。他會在工作時設法放鬆心情。前一天他還在跟犯人分享一個笑話，隔天那名犯人可能就已經死了。

賴瑞和我曾經多次談論生死的問題。這影響他很深，他喝了很多酒。當賴瑞因為情緒崩潰而哭泣時，我也會如此。

——前亨茨維爾監獄牧師吉姆・布拉澤爾

二〇〇三年九月，我在墨西哥結婚。當我在度蜜月時，取代拉里•陶德的人到任了。原本的預期是，由我接手管理新聞室，他們是這樣栽培我的。然而，德州刑事司法部錄用了一個年紀比我稍長的傢伙，他比我認識更多州長辦公室裡的共和黨人士。有人告訴我，我會被提拔到費茲傑羅以前的位子，但當我第一次見到這個新來的傢伙時，我就知道他是個大麻煩。那時，我們在一場監獄的董事會上。他說：「嘿，我是你的新上司。」那一瞬間，我就覺得他很討厭。他知道我曾經應徵那個職位，最後只剩我們兩個人在競爭。

隔週，我們有個會議。當時，他說的第一句話是：「是的，我不會讓你升遷。」我問他為什麼，他說：「我不喜歡你在董事會上的穿著，那看起來很不專業。」那時我穿的是卡其褲搭配一件帥氣的襯衫（那是我在一家很酷的服飾店買的），但他認為，我應該要穿得更正式。我回答：「值得慶幸的是，這不是你能決定的。我會在你這樣做之前，自己爬到那個位子。」說完後，我就氣呼呼地衝了出去，把我身後的門重重地關上。

我打電話給部長，問他這是怎麼一回事。他說：「是啊，我知道他會這麼做。我告訴他，如果你咒罵他的話，我會支持他。但如果你沒有，我就不會這樣做。」他們在測試我，這使我非常火大。我回答：「現在讓我告訴你，他會成為壓垮駱駝的最後一根稻草。你等著看吧。」部長跟我說，他希望我可以幫助我的新上司把工作做好。對此，我說：「沒問題，我會幫助他。但這不會改變什麼。」他們最後批准了我的升遷案，但過程讓我很不好受。

一九九五年，前博蒙特（Beaumont）警官與副警長希爾頓．克勞佛（Hilton Crawford），在康羅綁架並殺害一位十二歲男童；這位男童是他老朋友的獨生子。男童都叫克勞佛「希爾提叔叔」（Uncle Hilty），可見他們的關係有多親近。克勞佛沒有任何前科，但他經營的保全公司倒閉，讓他陷入嚴重的財務困境，逼使他綁架男童並要求贖金。當男童的父母親發現他不見時，他們第一個打給克勞佛，因為他執法經驗豐富，而且他們把他當作很好的朋友。幾天後，警方在克勞佛車子的後車廂發現男童的血跡，接著男童的遺體在路易斯安那州被找到。在這起謀殺案發生之後，男童的母親突然中風，然後和她的丈夫離婚了。

在死囚室裡，獄友們不叫克勞佛「希爾提叔叔」，他們都叫他「老男人」。在賴瑞退休之前，克勞佛已經六十四歲，預定要被處決。他說他想在最後一餐吃些鯰魚，並且願意用所有東西來交換。但廚房裡沒有這項食材。於是我心想：「你知道嗎？我敢說這條街上的那家店會有。」我跑到那裡，用七元美金買了一些鯰魚，並告訴店員不可以把這件事說出去。他說他明白，還說如果換作是他被處死，他也會希望有人這麼做。

我把鯰魚交給典獄長後，他說他會確保它送到廚房給布萊恩・普萊斯，讓他把它煎熟。不過，典獄長也有點疑惑，問我說：「你到底為什麼想這樣做？」我想了一下，然後回答：「如果這是他入獄以來一直想念的食物，至少我可以確保他能吃到它，即便他不值得我這麼做。」但在那之後，我陷入強烈的罪惡感中——「你在想什麼啊？他殺死了一個孩子。你有毛病嗎？」我也很怕他會在輪床上提起這件事：「萊昂斯小姐，謝謝妳的鯰魚，妳真善良……」當他進到行刑室時，一開始確實有談到它，但在他的遺言裡並沒有提及，感謝老天。沒有人知道這件事，所以鯰魚並沒有出現在監獄的官方紀錄裡。但我再也沒有做過同樣的事，因為我實在覺得很難為情。

在我內心情緒開始翻攪的同時，我仍舊表現出很堅強的樣子。我依然會取笑那些因為目睹死刑而情緒激動的人，這當中包含一名《休士頓紀事報》的記者。她在報導中說，這是她看過最可怕的東西，最後她還去看心理醫生。我心想：「天啊，你是個該死的記者。你報導的是很基本的東西，你不應該這樣就崩潰。你太嫩了！」

我的確曾經對這些人不屑一顧。我有些自鳴得意，因為我是一個可以應付這一切的女人，我覺得自己比那些在廁所裡排隊哭泣的女記者堅強多了。德州刑事司法部是個陽盛陰衰的地方，員工大多數都是男性，而我通常是唯一一位在幕後目睹死刑的女性。人們往往都覺得女人比較柔弱，因此我堅持要讓我的同事們知道，未必是這麼一回事。

我的升遷之路屢屢受阻，說明了我必須更努力工作，才能和相同職務的男人獲得同樣的尊重。然而，他們不想支付我相同的薪水。曾經有份報紙刊登過一篇報導，報導中將所有州政府新聞室官員的薪資做了一個比較。結果顯示，我和另一位德州公共安全部的女性，薪水是最低的。當時，德州刑事司法部總共有三萬八千名員工、七萬五千名假釋犯，以及十五萬名犯人。我代表他們所有人發言，但我卻賺得比德州青少年委員會（Texas Youth Commission，簡稱 TYC，是負責少年犯相關事務的監獄體系）的發言人還要少。

因為那傢伙說他不能透露半點細節，他經常不理會媒體的要求。我的上司們都知道這件事，而且完全不聞不問。我確信，他們根本就認為，賞我一份工作已經是種進步。

我無法告訴你，我聽過多少關於德州刑事司法部的負面批評；有幾位男同事甚至比犯人們更令我感到困擾。有一次，我從一間監獄開車回來，那時車上坐著一位同事。我跟他說，我頭痛得很厲害，結果他把手伸了過來，開始搓揉我的脖子。

我並沒有說：「你在幹什麼」；我既緊張又尷尬。我說：「你知道嗎？最好不要突然……」這種事發生了兩次，我很氣自己沒有直接跟他講清楚。

還有一次，我和一名典獄長一起在監獄裡。當我們經過一間擺了幾張床墊的牢房時，他停下來說：「你想不想把其中一張床墊丟下來，然後胡搞瞎搞一番？」我喜歡這傢伙，所以我一笑置之。我不想當個土裡土氣的女人，抱怨這「無傷大雅的玩笑」。但我也心想：「我的天啊！我馬上就可以取代你……」話又說回來，這應該不太可能。

當我出席會議時，所有的男人們都會給我一個擁抱。我不想要這些人抱我，為什麼他們不握握我的手就好，就像他們對待其他男人那樣？這種鳥事讓我很抓狂，但我不曾哀嘆自己的處境。我必須遵守這裡的遊戲規則，因為如果我不這麼做，我就待不久。

很快地，記者們開始以「無可奉告」來稱呼我的新上司，因為他不想和他們打交道。他不肯到任何監獄去，那使他顯得過時，因為記者都會出現在那裡。然而，只用電子郵件打發記者，他們是不會善罷甘休的。他埋首於行政管理事務，例如那些每兩年才需要編列一次的預算。那時，我會安排採訪——每週二訪問女子死囚室，每週三則訪問男子死囚室。記者們開始問我，我的上司究竟都在做些什麼。這些抱怨甚至傳到了州長辦公室裡。

在一次聚會上，德州刑事司法部的新任部長布萊德・利文斯頓（Brad Livingston）問我：「你對你的新上司有什麼想法？」我說：「我對他沒有任何想法，他根本一無是處。」結果，布萊德把他拖進辦公室裡，叫他要積極一點。但他依然故我，最後被調到另一個部門去了。那天我還在家裡、剛換好衣服，布萊德就打電話給我，要我在八點十五分抵達他的辦公室。我以為我有麻煩了，結果他們要我扮演代理主任的角色。

我代理新聞室主任好幾個月，沒有多領半毛錢，也沒有任何人提供協助。這意味著我必須全天候待命。當我在下午五點下班回家時，記者們都還在工作，因此我得利用晚上的時間接聽他們的電話。二〇〇四年，我懷孕了；當我在醫生辦公室確認孩子的性別時，我都還在跟典獄長講電話。因為當時其中一間監獄出了點狀況。當我的丈夫為我舉辦充滿驚喜的三十歲生日派對時，我也一直離席，跑去回覆信件。我的人生就是由這些東西所組成的——叮叮咚咚的電子郵件和簡訊通知聲不斷地響起，它們多半都是瑣碎的媒體詢問，但也有更重要的警訊，通知我有矯正官受傷了、有犯人自殺或企圖越獄。

每年都會有一、兩起越獄事件，它們經常讓人筋疲力竭。因為它們不曾發生在白天，總是在凌晨三點左右發生。我會接到電話說「人數不符」，意味著他們清點監獄裡的犯人，發現有人數短少的情況。此時，我必須立刻通知媒體，因為當務之急是讓社會大眾盡早知道這件事。若是這位犯人殺了人，這筆帳又會算在我們頭上。事實上，這種事發生過一次——在我們將消息發佈出去前，那名犯人闖進他遇到的第一間民宅，殺死屋主並偷走了他們的車。

舉例來說，如果越獄事件發生在阿馬利洛，我就得找出所有阿馬利洛媒體的資料，開始發送訊息給他們，其中包含該位逃犯的特徵描述和大頭照。然而，我不只要和媒體聯繫，還要設法安置他們。你不會希望媒體在監獄裡鑽來鑽去，開著車到處拍攝他們不該拍的東西。所以，我必須到那間監獄、找個地方給他們住，並且持續提供他們最新資訊，這樣他們才不會開始亂編故事。有一次，在聖安東尼奧發生了一起越獄事件，我得在監獄董事會結束後，直接從奧斯汀開車到那裡。凌晨三點，我找到一家沃爾瑪百貨超市，買了一個枕頭和一套換洗衣物（因為那時正值盛夏時節），然後睡在車上。

當颶風來襲時，所有沿海地區的監獄都必須撤離。這意味著我會待在亨茨維爾的指揮中心、向媒體發佈警訊，戒護人員則會協助將數千名犯人移動到安全的地方。那段時間真是充滿艱辛。四、五個月後，他們終於把我升為正職員工，而我也正式成為德州刑事司法部新聞室第一位女性主任。當時，我腦中浮現的第一個念頭是：「太好了！我終於可以請個人來幫我了嗎？還有，我可以加薪嗎？」

”

你要面對那些垃圾媒體和政治人物的指控——「你們把他們像狗一樣地殺死」，真是辛苦你了。讓他們去死吧！順帶一提，我看到一句很棒的話，那是亨弗萊・鮑嘉[2]（Humphrey Bogart）的遺言：「我不該從蘇格蘭威士忌改喝馬丁尼。」

你在這世界上唯一的朋友

——節錄自賴瑞寫給蜜雪兒的電子郵件，二〇〇四年三月二十一日

2 亨弗萊・鮑嘉，美國男演員，他去世幾十年後，仍在電影界保有傳奇性地位。一九九九年，被美國電影學院（American Film Institute，簡稱 AFI）票選為電影史上最偉大的男演員。

在我懷孕之後，目睹死刑不再只是抽象的概念，它變成了一種個人的深層感受。我曾經在文章裡讀到，當胎兒還在母體內時，他們就已經可以聽見聲音。這就是為什麼，人們會放音樂給他們聽、試著教他們學習語言。我開始擔心我的孩子會聽到死刑犯的遺言——他們令人悲憫的道歉、急欲人知的清白，還有他們喉嚨裡發出的嗶啵聲和沉重的呼吸聲。我甚至有種荒謬詭異的想法——某一名犯人的靈魂也許會在離開他的身體後，進入我孩子的體內，結果我就生出了一個邪惡的孩子。我曾經在丹佐・華盛頓（Denzel Washington）的電影裡看過這種事，那感覺依然很真實。

法蘭西絲・紐頓不停地關心我懷孕的事。（她因為殺死了她的丈夫和兩個孩子〔其中包含她二十一個月大的女兒〕，被關進女子死囚室裡。）她總是親切有禮，但這讓我感到十分不自在。我心想：「你曾經有過孩子，然後你把她殺了。為什麼你現在要問關於我孩子的事？」

我變得更加憂慮，害怕有犯人會打我的肚子。他們隨時都會對矯正官這麼做，而且毫無理由。二〇〇四年十月，康納利監獄有一位犯人把一名女性職員勒死在儲物櫃裡。因為這位犯人過去表現紀錄良好，獄方讓他擔任守門人，意味著他可以和工作人員互動。有一次，我在普朗斯基監獄的員工休息室待了一會兒。當我從那裡離開時，我的腦海裡突然閃過一個念頭：「若是我在這裡遇到某個犯人怎麼辦？」

這不僅僅只是小心謹慎，而是一種妄想。但即使是妄想，也源自於我的工作體驗。二〇〇四年，我動了一次手術。當他們要幫我打麻醉針時，我開始語無倫次：「你不明白，我看著人們死去。死刑就是這樣執行的，然後他們再也沒有醒過來……」

二〇〇五年三月，我的女兒出生了。當時，醫生把她抱了起來，她卻沒有哭。那種寂靜大概只持續了五秒鐘左右，但感覺就像永遠那麼久。我極度驚恐，彷彿我的世界就要崩解似的。然後，她就開始哭了。在那之後，當化學藥劑停止施打、醫生在舍房裡等待，死亡之家陷入一片寂靜時，這樣的寂靜就變得很難熬。我開始明白，對死刑犯家屬而言，這種寂靜將永遠持續下去。從那時起，我就一直試圖從他們的角度來看待這一切。我跟別人說，因為我必須先離開，從典獄長辦公室拿到死刑犯的遺言，趕快發送給媒體。但這其實主要是因為，我不想再和那些無比悲痛的家屬肩並肩地站在一起。

過去我曾經對死刑犯，像是瑞奇・麥金恩的母親感到同情，現在我自己也成為了母親，情況又完全不同了。我無法理解，這些可憐的母親怎麼有辦法站在那裡，看著自己的兒子死去。我無法想像她們的感受。曾經有一位犯人跟我說，他不想要他的母親看著自己被處死，結果她說：「我看著你來到這個世界，我也會看著你離開。」現在我有了孩子，我願意為她做任何事，而這些女人卻看著她們的孩子死去。

突然間，我開始變得害怕死刑。

很偶然地，我成為母親這件事和監獄生活擦出美麗的火花。當時，我住在懷恩監獄（Wynne Unit）的宿舍，那裡有一台加油機。這台加油機由一名犯人負責操作。他是一名模範囚犯，這意味著他快要被釋放了，所以不需要逃跑。我有一輛公務車，有時我會在將孩子送到托兒所的路上把油加滿。這是他一天的重頭戲。我會搖下車窗，接著他會說：「噢，我的天啊！多漂亮的孩子！」有一天當我要將車子開走時，我從後照鏡看到這名犯人——一個高大結實的男人，抬頭望著天空，然後對我露出燦爛的笑容。我覺得他是在說：「天啊！你真是太棒了……」因為看見我孩子的笑臉，使他感到非常開心。這是我看過最溫暖的笑容之一。

然而在我的女兒出生後，我目睹的頭幾次死刑實在是令我心煩意亂。當我抵達高牆監獄、看到死刑犯家屬時，我馬上就知道犯人的母親是誰。因為她不發一語，只是坐在那裡安靜地凝視著，彷彿置身另一個世界。儘管我過去很少在死刑結束後掉一滴眼淚，現在我會一路哭回家。

我有個住在加州的親戚，她總是充滿了正能量。她建議我在目睹死刑之後，回家立刻洗澡，把身上的負能量都洗掉。我採納了她的建議，但就是無法將它完全洗去。過去我很怕蜥蜴，如果我在家裡看到蜥蜴，我會叫人把牠弄走。然而，現在當我看到小蜥蜴時，我會把牠拿起來放到屋外，因為我心想：「或許有隻母蜥蜴正在找牠的孩子。」

我的孩子讓我的工作顯得更冷酷無情，死刑也變得更加醜陋。但我仍舊沒有和我的丈夫討論這些事，因為我不想將這些陰暗醜惡帶回家。以前我嘲笑那些在廁所裡哭泣的女記者，我有比她們堅強嗎？沒有，我只是壓抑得比較久而已。我也變成了膽小鬼，就像她們一樣。

第10章

有點憂鬱

「凡流人血的，他的血也必被人所流，因為神造人，是照自己的形象造的。」

——創世紀 9:6

「我參與了這些男男女女生命的最後時刻。他們使我確信，我所做的這一切，並沒有阻絕任何一起命案發生。在我看來，死刑除了報復，沒有達到任何目的。」

——前英國絞刑師艾伯特・皮埃爾波因特[1]（Albert Pierrepoint）

當我開始目睹死刑時，我是個堅定的死刑支持者，但我並沒有想過死刑的目的是什麼。德州有死刑，過去我將它視作為惡劣罪行的被害人伸張正義的一種方式。總之就是如此。但隨著時間過去，我逐漸認識那些死刑犯，並且看到被害人家屬在目睹殺死自己親人的人死去時有什麼反應，我開始明白，這當中沒有人是贏家。我會站在觀刑室裡想著：「這裡有位犯人在輪床上死去；他的家人在這裡看著他死去，還有被害人家屬被迫聽死刑犯的母親哭喊。所有人都受到了傷害，這真是爛透了……。」

在大多數情況下，死刑犯家屬都和他們犯下的罪行無關。他們竭盡所能地把孩子撫養長大，希望他們好好做人，但他們終究無法掌控孩子變成怎樣的人。他們為自己兒子、父親或兄弟的所作所為付出了非常龐大的代價。我相信某些被害人家屬確實因為死刑得到了些什麼，至少他們是這麼說的。

二〇〇〇年，歐瑞恩・賽西爾・喬伊納（Orien Cecil Joiner）被處決之後，兩名

1 艾伯特・皮埃爾波因特是英國史上最有名的絞刑師，他在任職期間，總共處決了數百名罪犯（其中包含兩百多名二次大戰後的德國與奧地利戰犯），英國內政部稱他為「最有效率的行刑者」。其生平曾經被翻拍成電影《最後的絞刑師》（*The Last Hangman*）。

被害人家屬在離開觀刑室時擊掌慶賀。貝蒂・盧・比茨其中一名被害人的兒子，在高牆監獄外面高舉勝利的拳頭。二〇一〇年，在麥可・裴利（Michael Perry）被處決之後，被害人的女兒說：「我必須看著他的眼睛，看看他是不是像我想的那麼兇惡。現在我知道他的確是。」然而，也有像琳達・普恩哈根（Linda Purnhagen）這樣的人。她的兩個孩子被丹尼斯・杜西特（Dennis Dowthitt）殺死，而她坦承，二〇〇一年看著他被處死「並不好受，如果他看起來很可怕，可能會讓我心裡好過一點」。

即便某些被害人家屬希望死刑可以使他們得到些許解脫，也有些家屬公開承認，目睹死刑並沒有為他們帶來平靜。甚至還有家屬請求州長從寬處理。一九九三年，克雷・彼得森（Clay Peterson）在聖體市被強尼・馬丁尼茲（Jonny Martinez）用刀刺死；他的家人試圖讓馬丁尼茲改判無期徒刑。羅尼・柏斯里（Lonnie Pursley）一案被害人，羅伯特・庫克（Robert Cook）的姪子（或外甥）傑米・霍里斯（Jamie Hollis）寫了一首詩給柏斯里，向他表達寬恕之意。詩中說道：「一顆迷失的心在被諒解之前，就離開這個世界，那是多麼龐大的代價……」

至於湯瑪斯・巴特列特・惠提克，他的父親不斷地為他請命，終於奏效。二〇一八年二月，在惠提克預定要被處決的一個小時前，他成為這十年多來，第一位被德州州長（當時的州長是葛雷格・亞伯特〔Greg Abbott〕）准予暫緩行刑的死刑犯。惠提克說：「我應該要為我犯下的罪行接受懲罰，但我的父親沒有做錯任何事。」

被害人家屬常會說，他們希望（而不是預期）執行死刑能為這一切做個了結。但這一切持續了這麼久，還算合理嗎？某些犯人被關在死囚室裡數十年，這就是為什麼，你會聽到很多家屬說：「感謝老天，這一切終於結束了。現在我們可以試著放下它，繼續往前走。」他們會強調「試著」這兩個字。一九七八年，羅伯特・李・鮑爾（Robert Lee Powell）在奧斯汀開槍打死一位警察，他直到二〇一〇年才被處決。在鮑爾入獄服刑期間，共有四百五十九名犯人被處死。試想看看這段時間，對一直等待著他被處決的被害人家屬有多煎熬。

雷蒙德・萊爾斯（Raymond Riles）從一九七六年就被關在死囚室裡，哈維・艾爾文（Harvey Earvin）也從一九七七年就被關在裡面。有些人會質疑，在犯罪案件發生這麼久之後才處決犯人，在某種程度上，死刑是否已經失去了意義。在監獄裡，鮑爾從濫用藥物的殺人兇手變成一名模範囚犯，他不僅是個和事佬，還教導不識字的犯人閱讀。當他被處死時，被害人家屬所看到的已經不是當年那個殺死他們親人的人了。

有些家屬會對死刑犯向家人道別、交代瑣事感到憤怒，因為當初他們的被害人根本無法做這些事。另一方面，死刑犯和他的家人要面臨的是另一種痛苦——知道他們會在哪一刻迎接死亡。這本身就是一種懲罰，我想這也是為什麼某些死刑犯寧可選擇自殺。因為等著被處決，更令他們難以忍受。

二〇〇七年，羅伊・皮平（Roy Pippin）在要被帶到死亡之家前，他在自己的牢房裡用牆上的電線縱火。所幸火勢被獄警撲滅。相較之下，麥可・強森（Michael Johnson）就達到了他的目的。二〇〇六年，強森在預定要被處死的十六個小時前自殺，他用一把剃刀割斷了手臂的動脈。他在牆上留下一行血書——「不是我做的」，雖然證據顯示並非如此。我不知道這是因為他害怕被綁在輪床上，還是他想拿回主導權，用他自己，而不是州政府的方式死去。

有些家屬憤怒地離開觀刑室，因為死刑犯沒有向他們致意或道歉。葛拉澤克會問他們：「他沒有道歉讓你很不舒服嗎？」然後，被害人的母親或父親可能會回答：「是啊，他是個懦夫。他應該要為他犯下的罪行負起責任。」也有些家屬說，怎樣都無所謂。然而，這是一個抽象的假設性問題。因為沒有人知道，當相反的情況發生時，他們又會有什麼感覺。還有些家屬生氣的理由是，他們此時有膽道歉，為什麼先前都不道歉。另外，甚至還有家屬完全不知道該如何看待死刑犯的道歉。

這令他們進退兩難——他們現在必須原諒他們了嗎？或者這是種以牙還牙？德

州是一個極為保守的地方，而且與基督教關係密切，但聖經可以有很多種解讀方式。葛拉澤克也會問他們：「你接受他在輪床上的道歉嗎？」很少人的答案是肯定的。

對某些被害者家屬而言，處決犯人的過程太過平和——他們只是走到一間房間裡，看著殺死自己親人的人慢慢地睡去。沒有血腥畫面，也沒有大聲哭喊，就像他當初殺死他們的親人一樣。

我還記得有一名家屬說，他們比較想看到犯人被以石刑[2]處死。但大多數家屬則會說「這一切結束得太快」或「應該要讓他更痛一點才對」。

我同意賴瑞的說法，死刑並沒有像記者和廣大群眾認定的那樣，為他們帶來解脫。基本上，死刑只不過是一種報復；雖然我不會責怪被害人家屬想要報復，因為如果換作是我，我也會如此。我想他們都覺得，一旦那位犯人被處決了，他們就不會因為想到自己的親人死了，這個罪大惡極的人卻還活著，而備感痛苦。

我開始覺得，圍繞著死刑的只有悲傷的氛圍。當命案發生、一個無辜的人失去了他的生命時，是很悲傷的；令人感到悲傷的是，這是人們對彼此的傷害；我們所有人站在這裡看著一個人死去，也叫人悲傷。這當中有什麼讓人開心的地方嗎？沒

2 用石頭將人砸死的一種刑罰，目前在不少中東國家仍保有這種酷刑。

有人是贏家。而我必須一次又一次地目睹這樣的悲傷。作為和外界溝通的橋樑，這一切都變得令人極度鬱悶。悲傷勝過了一切。就像葛拉澤克過去常問家屬們「你是否慶幸自己來到這裡」，在這種悲傷的情境裡，有誰會感到開心呢？

人們看不到事情有正反兩面，這開始讓我覺得很困擾。雖然呈現事情的正反兩面不是我的工作，只有死刑這個敏感議題，我有親身經歷。每當我發覺有人對死刑抱持明確的立場時，我就會與他爭論。有些人會說他極力支持死刑，如果有人犯下可怕的罪行，州政府絕對有權處死他。對此，我會說：「好的，我了解你的立場。但事情還有另外一面。若是那個人犯案時只有十七歲呢？若是他已經不會對社會造成威脅呢？」

我花越來越多時間質疑某些犯人是否該被處決。李歐納・羅哈斯（Leonard Rojas）因為殺死他的女朋友和兄弟而被處決（他懷疑他們倆發生了關係）。如果換作是我，我不會判羅哈斯死刑，因為他犯案似乎是因為由愛生恨，而不是預謀殺人。此外，以集體犯罪法的案子來說，如果扣扳機的人供出他的同夥，並且和警方達成協議，他通常只會被判無期徒刑。然而，沒有扣扳機的人卻被判處死刑。對此，我非常不能認同。對我而言，這不僅不合理，更可說是極其獨斷專橫。

經常有人對最後一餐的制度提出不滿：「他們做出那樣的事，竟然還要對他們這般禮遇，實在太不像話了。」對此，我會說：「你曾經有親戚被關在死囚室裡嗎？」沒有嗎？如果有的話，你不會希望他在被處死之前，好好享用撫慰心靈的一餐嗎？另一方面，如果有人極力反對死刑時，我會說：「但若是你的妻子被殺了，你會怎麼樣？你有孩子嗎？若是你的女兒被強暴並殺害了，你又會怎麼樣？」我會用實際案例來支持我的論點。這個時候，我熟知的案子非常多。

如果你是珍妮佛・艾特曼或伊莉莎白・佩娜的父母親（她們被輪暴超過一個小時，然後被彼得・坎圖狠狠踩死），你會怎麼樣？你會不想看到坎圖死去嗎？如果你是克莉絲汀娜・班傑明（Christina Benjamin）的父母親（她在一九九三年被傑森・梅西〔Jason Massey〕強暴、開膛破肚並斬首），你又會怎麼樣？（當梅西躺在輪床上時，他終於說出他把班傑明的頭從橋上丟進三一河裡。）我倒要看看這些人能不能閱讀這些案件的細節而不覺得噁心。

我不停地與人爭論，因為他們對自己完全沒有經驗的事抱持極為強硬的觀點，這令我很困擾。他們通常不認識任何關在監獄裡的人，更不用說死刑犯了。不只是死刑的問題，人們時常對自己不了解的任何敏感議題妄加論斷，這使我很火大。某些人會說他們堅決反對墮胎，我心想：「你有在十五歲時被心理病態的父親強暴，並且懷孕的經驗嗎？」說得直接一點，我曾經對某一名記者有些冷嘲熱諷，因為他是個極右派，極力支持死刑。他比一般人更讓我惱火，因為他是一名記者，應該要看到事情的正反兩面。我一直要他從死刑犯家屬的角度來目睹死刑，但即便那些母親大聲哭喊，也沒有使他產生絲毫憐憫。

在賴瑞正式離開德州刑事司法部之後，我從靜脈注射室目睹了兩次死刑，因為我覺得我必須這麼做。我花了很多時間談論死刑的問題，卻從來沒有從頭到尾看完整個過程。下午五點四十五分，典獄長帶我進入死亡之家，我們穿過牢房後面的狹窄通道後，來到靜脈注射室裡。那是一個狹小的房間，裡面有一張小桌子，桌上擺著注射用的化學藥劑。當你在看行刑室的照片時，你會看到牆上有一個像是溝槽的小洞（實際大小約六公分見方），靜脈注射導管會穿過這裡，直接連接到死刑犯手臂的針頭上。溝槽的旁邊有一片單面鏡，注射小組會躲在這片單面鏡的後面。他們由三、四位成員組成，都是來自當地的志願者，受過醫療訓練。他們不會是專業醫師，因為希波克拉底誓詞[3]（Hippocratic Oath）中說，醫生不能「傷害他人」。

從這個角度，我可以清楚看見犯人走進行刑室、爬到輪床上，然後全身被緊緊地捆綁。看到犯人如此順從，令我感到十分不安。當靜脈注射小組的成員們用酒精擦拭他的手臂並裝上導管時，他們會跟他聊天。那感覺像是無意義的閒聊；我不知道他們會不會說：「嘿，你還好嗎？」「不太好，我即將要死在在輪床上……」不過，我想這應該很像抽血——當護士發現你有點緊張時，她會說：「這可能會有點痛。」接下來，當生理食鹽水注入他的體內時，見證人就會被帶進觀刑室裡，然後死刑就會開始執行。

針筒並不是由機器，而是由人親手推動的。這不像執行槍決的行刑隊，沒有人知道是誰射出致命的那一槍。我看到實際施打藥物的人，但鮮少有人看過。即使我在那裡工作那麼久、知道那麼多不為人知的祕密，我也不知道行刑人究竟是誰，直到我從那間房間目睹死刑為止。他推動針筒，依序將三種藥劑注入犯人的體內。我只從靜脈注射室目睹了兩次死刑，因為看著死刑犯瀟灑地走到輪床邊、迅速地躺到床上，接著毫不猶豫地伸出雙臂，讓我非常困擾。

當我進行例行身體檢查時，認識我多年的護士問我：「工作還好嗎？」當我回答「還好」之後，她說：「你看起來有點憂鬱，不像平常那麼陽光。」我習慣人們

---

3 希波克拉底是古希臘時代的一名醫生，因為對醫學發展貢獻卓著，被後世尊為「醫學之父」。希波克拉底制定醫生必須遵守的道德規範，這些規範稱為「希波克拉底誓詞」。現今的醫學院學生在基礎醫學課程即將結束時，都會舉行加袍與宣誓儀式，多數學校採用修正版的希波克拉底誓詞，強調尊重病人自主、不傷害、行善和正義的倫理原則。

認為我是個快樂、笑容滿面的人，所以這讓我極其煩惱。我以為沒有人注意到我心裡其實很難受，因此感到自豪。結果，我並沒有自己想的那麼會隱藏，這使我不知所措。

我總是充滿矛盾，讓許多人難以理解。我會將自己的某些部分隱藏起來，因為我很害怕，一旦有人看到我的全部，他們就會覺得我不值得被愛。我既坦率又封閉，所以我不會把我知道的一切都說出去。我熱情自信，但也常深切反省。我不希望任何人替我感到難過，這就是為什麼，當我在死刑結束後一路哭回家時，我並沒有告訴我的丈夫。因為我不想聽到他說：「或許你應該和其他人聊一聊。」

對我來說，讓別人覺得我堅強非常重要。我的母親是個極度堅強的女人，我的祖母和外祖母也都是如此；我不想讓任何人認為我不如她們。但現在我在一場德州刑事司法部的會議上，忍受那堆鳥事，然後發現自己眼眶泛淚。最後，它們潰堤而出，我滿臉都是淚痕。如果這是一幅掛在畫廊裡的藝術品，它的名字應該會叫作「由眼淚決定」。我很火大，但我更沮喪，因為我曾經向我的母親和祖母保證，我絕不會在工作時為任何事哭泣。

我和賴瑞最喜歡做的事之一，就是站在高牆監獄外面，看著犯人被釋放。那些服刑期滿、沒有欠州政府任何東西的犯人，會直接從前門走出來，假釋犯則會從側邊通道離開，因為他們必須到假釋辦公室收拾物品。他們會成群結隊地走出來，手上拿著紅色小網袋，裡面裝著他們的家當。

我覺得最棒的是，看到剛獲釋的犯人露出燦爛的笑容，同時看見他們的孩子從街道的另一頭跑過來，直到跑進他們的懷裡。或者你會看到他們溫柔地擁抱並親吻他們的妻子或女朋友。這使我渾身起雞皮疙瘩。然而，還有些人沒有人來迎接他們，卻必須看著周遭的一切，讓我感到格外哀傷。你會看見他們步履蹣跚地走到灰狗巴士的車站，一手拿著巴士乘車券，肩膀上扛著網袋。沒有人知道他們要去哪裡、是否要去找某個人，又或者很快又會回到這裡。

二〇〇七年十月，一名漁夫在加爾維斯敦灣（Galveston Bay）發現一位小女孩的遺體；她的遺體被塞在塑膠容器裡。因為她的遺體已經面目全非，無法辨識身分，媒體稱她為「葛芮絲寶貝」（Baby Grace）。隔了一個月，警方在德州的斯普林（Spring）逮捕金伯莉・安・特雷娜（Kimberly Ann Trenor）和她的丈夫羅伊斯・克萊德・賽格勒（Royce Clyde Zeigler）。那位女孩的名字叫芮莉・安・索耶斯（Riley Ann Sawyers），特雷娜是她的母親，賽格勒則是她的繼父。當特雷娜在接受警方偵訊時，她坦承她和賽格勒用皮帶抽打那位小女孩、將她的頭浸到浴缸裡，接著賽格勒扯著她的頭髮、把她甩到地上。因為猛烈撞擊，導致她頭顱破裂而死。這對夫妻把她的遺體藏在儲物棚裡兩個月後，再將她丟到橋下。

當時，我的女兒和芮莉・安差不多年紀，她們都有著一頭美麗的金髮。因此，我無法將芮莉・安被拉著頭髮甩到地上的畫面逐出腦海。我在辦公室裡邊讀她的報導邊哭。我反覆讀著同一篇報導；這實在是太可怕了，但我就是忍不住一直閱讀。這起案件撕碎了我的心。這個女人來自俄亥俄州，她和這孩子一起逃到另一州去，所以孩子的生父十分擔憂。然後，她讓她的混蛋丈夫活活打死自己的孩子。她是少數我認為應該被處死的犯人之一。

當涉及死刑時，女人和男人的待遇並不相同，這總是讓我不解。在德州，有些女人犯下了令人髮指的罪行，通常都是殺死她們自己的孩子，卻沒有被處決。

博蒙特曾經發生過一起案件，一位名叫肯尼莎・貝瑞（Kenisha Berry）的前矯正官殺死了她其中一個孩子，後來又試圖要殺死另一個。她用封箱膠帶黏住她兒子的嘴巴（他只有四天大），把他丟進垃圾袋並丟進垃圾箱裡（那時他還活著）。幾年後，人們在水溝裡發現另一名棄嬰，她身上佈滿紅火蟻叮咬的紅腫膿泡，但她活了下來。

雖然貝瑞一開始被判處死刑，但最後判決結果翻轉，因為檢方沒有足夠的證據，證明她未來會對社會造成威脅（頂多是對她自己的孩子）。女人要求性別平權，但涉及死刑時，就不是這麼一回事了。

我最好的朋友在加爾維斯敦的地方檢察官辦公室工作，我問她說，他們會不會極力要求判特雷娜死刑。她回答「不會」，令我非常沮喪。我不明白他們為何不這麼做。檢察官認為陪審團不太可能會判她死刑。我覺得這根本就是一派胡言。荒誕不經的念頭開始在我腦中打轉——我在想，我能否用某種方式讓這個女人吃點苦頭。我在監獄體系工作，應該會有辦法才對。我並沒有用紙筆寫下我的計畫，只是想想而已，但兩者一樣瘋狂。我確信正義不會被伸張。

結果，我是對的。二〇〇九年，特雷娜被判處無期徒刑，並且有機會在三十八年後假釋出獄。當時，陪審員都哭了。賽格勒則被判處無期徒刑，且不得假釋。州政府也沒有要判他死刑的意思。當特雷娜在等待受審時，她又生了一個孩子。

我的婚姻持續了一段時間，但現在它開始逐漸破裂。二〇〇八年，當我的女兒三歲時，我離婚了。我的丈夫是個好男人，也是個好爸爸，但我們並不適合。這和我工作上的煩惱無關，純粹只是因為異性相吸的關係無法持續很久。我一點也不後悔，因為我們有一個漂亮的女兒；我每天都為了她感謝上帝。

第11章

我偷走了時間

「德州刑事司法部的行政管理受到『思想亂倫』[1]的嚴重影響。他們全都住在同一個小鎮上、在亨茨維爾同一所小小的大學就讀，而且對新觀念感到恐懼。我從來沒有在這麼奇怪的地方工作過。」

—— 前德州刑事司法部發言人約翰・赫特（John Hurt）

「德州刑事司法部的核心價值是勇敢、堅忍、正直、忠誠。」

—— 節錄自德州刑事司法部網站

在部長布萊德・利文斯頓的統領下，德州刑事司法部變得更加封閉隱密。多年來，我一直把從賴瑞身上學來的東西都用在工作上，但開誠佈公那一套已經過時了。人們把布萊德稱作「數豆子的人」[2]，因為他是德州刑事司法部的財務長。此外，人們也對為何他會負責管理監獄體系感到疑惑，因為他不曾在矯正機關工作過。

過去歷任部長都會讓我們做該做的事，但布萊德的座右銘是「沒有消息就是好消息」，這意味著他時常讓我很難做事。他不懂怎麼應付媒體，因為他沒有任何新聞業的資歷，而他對我的建議也不感興趣。話又說回來，人們都懷疑利文斯頓和他的副手布萊恩・科利爾（Bryan Collier），多半遵照休士頓參議員約翰・惠特邁爾（John Whitmire）的吩咐行事。

二〇一一年，當勞倫斯・布魯爾預定要被處死時（十三年前，他在賈斯伯參與小詹姆斯・伯德一案），他要求的最後一餐足足可以餵飽十個人。死刑犯通常會在

1 思想亂倫是指一群人只跟自己「思想血緣」相近——同樣的教育背景、成長經驗、政治取向、思維模式和觀念的人攪和在一起，對特定問題大放厥詞或相濡以沫，就像是在交換類似的思想基因，也就是觀念上的近親交配。

2 「數豆子的人」這個俗語，意指一個政府官員或公司總管老是把時間浪費在雞毛蒜皮的小事上，尤其是為了一點小錢算計個沒完。

行刑日兩星期前點菜，但死刑執行當天，有些犯人會緊張到什麼都吃不下。布魯爾就是如此。當典獄長問他是否要吃最後一餐時，布魯爾回答：「你知道嗎？我不覺得我吃得下。」典獄長說他還是會拿一些小點心來，免得他突然想吃東西，然後就結束了。隔天，惠特邁爾得知關於布魯爾最後一餐的事，他大發雷霆。布魯爾點了這麼多東西卻沒有吃，使他很憤怒；他覺得布魯爾又狠狠地捅了監獄體系和被害人一刀。事實根本不是如此。

所有在現場的人都知道，布魯爾只是太緊張而已。惠特邁爾似乎也不懂得最後一餐是什麼；那是一種請求。死刑犯可以要求他想要的東西，但不代表他一定能拿到它們，就像奧德爾・巴恩斯最後並沒有得到「正義、平等和世界和平」。

惠特邁爾說，獄方對這個邪惡之徒太仁慈，令他非常火大，要求監獄體系廢除最後一餐的制度。如果換作是德州刑事司法部過去的部長，他們會告訴惠特邁爾，他們明白他的顧慮，但還是會繼續提供最後一餐給死刑犯。然而，利文斯頓馬上就屈服了。在布魯爾被處決後的隔天，最後一餐就被廢止了；此後，即將要被處死的犯人都會和其他獄友吃一樣的東西。若當時監獄正處於一級封鎖狀態[3]——這每年都會施行好幾次，以便讓獄警搜查違禁品，即將被處決的死刑犯可能就會拿到一個花生醬三明治和一顆蘋果。因為平常在廚房工作的犯人，這時都被關在牢房裡。

我把最後一餐看作對人性的尊重，是一件該做的事。是的，布魯爾確實犯下了可怕的罪行，但這是一項實行了數十年的傳統，以前肯定有其他死刑犯要求過分量更龐大、內容更豪華、更荒謬的餐點。因為一名不了解狀況的立法者未經思考的反應（他不知道布魯爾實際上拿到了些什麼），因為沒有任何管理人員想到要詢問我們這些在現場的人，最後一餐就這樣被廢除了。因此，死刑犯在輪床上死去之前，甚至連起司漢堡都無法期待。

我不知道一九二四年，查爾斯・雷諾茲在被以電椅處死前吃了些什麼，但如果他的最後一餐比一個三明治和一片水果還要豐盛，我也不會感到意外。然而，利文斯頓輕言妥協，令我十分沮喪。這代表德州刑事司法部很軟弱，而且任由完全不了解監獄體系的人擺佈。

有時我會想，在新的領導階層底下，賴瑞會如何應付。我發覺他們的容忍度比以前低很多，因為他們是如此反媒體。德州刑事司法部再也容不下不同的意見。因為我還年輕、適應力強，所以我配合了一段時間。但有些事實在令人難以忍受。

3 多半在監獄內發生暴動後，獄方就會將監獄封鎖，對犯人進行活動限制，並且禁止人員進出。

德州刑事司法部對我們發佈給社會大眾的訊息越來越偏執，我開始經常與他們爭論，不只是跟部長們，也包含新聞室的內部討論。

德州檔案公開法（Texas Open Records Act）規定我們應要求即刻提供現有的資訊，但他們開始無視這項規定，一直等到最後一刻才將訊息發佈出去。我不知道為什麼他們突然用這種方式做事。媒體要求我們已經有的東西，為什麼我們不能直接提供給他們？有人告訴我，那不是公開資訊，我說：「但我們有的幾乎都是公開資訊啊！」

媒體的進出也變成了一個問題。有一次，聖安東尼奧一家頗具聲望的電視台想用高畫質技術拍攝行刑室的畫面，但利文斯頓叫我不要讓他們進來。我不斷地跟他抗爭，讓他很生氣，因為我似乎不站在他那一邊。我不是個唯命是從的人，和當權者起爭執開始令我很火大。

舒格蘭（Sugar Land）是休士頓附近一處快速發展的郊區，那裡有一間監獄。中央監獄（Central Unit）那塊地現在價值數百萬元美金，舒格蘭市想要在這裡擴建他們的機場。這不是一個祕密，他們甚至還有機場擴建的比例模型。他們極力遊說德州州議會關閉這間監獄，最後州議會同意這項提議，並命令德州刑事司法部在二〇一一年把它關閉。當媒體問到它關閉的原因時，我說因為那塊地現在變得非常值錢，舒格蘭市想要將機場擴建，然後他們成功說服州議會，取得那塊地的所有權。惠特邁爾因此大發雷霆，他打電話給布萊恩．科利爾，要他命令我停止把真相告訴媒體，並且用一個他認可的說法來取代。

具體而言，他們要我跟媒體說，我們會把監獄關閉，是因為惠特邁爾提出的監獄改革方案。這些改革使得監獄裡的人數減少，所以這間監獄沒有存在的必要。我想在這個說法裡，舒格蘭市成功說服州議會關閉監獄根本只是巧合。我心想：「好啊，因為人數減少，我們可以把中央監獄的犯人關到德州其他監獄去，但這不是它關閉的原因。在它關閉之前，美國各州還有許多年久失修的監獄就該先關了。」惠特邁爾這種說法與事實不符，所以我拒絕複述。

記者喜歡我是因為我很誠實，而且會提供準確的資訊給他們，就像賴瑞一樣。我才不要漫天撒謊，拿自己的信譽開玩笑。於是我拐彎抹角地說：「基於種種原因……」在那之後，一切開始每況愈下。

”

某些發言人（新聞室官員）會採取防守姿態，阻礙資訊的公開與自由流通。但即便是德州刑事司法部這種龐大而複雜的組織，萊昂斯也拚命確保記者能報導相關新聞，並且讓他們可以盡快獲得正確的資訊。她動作迅速、聰明靈活、極具耐心，而且不會使你覺得你問了蠢問題。她做得非常稱職。

——《休士頓新聞報》（Houston Press）稱蜜雪兒為「最佳發言人」，二〇〇九年

二〇一一年十一月，他們告訴我，我因為竄改工時，必須接受調查。我在德州刑事司法部的上司們說，有時我明明不在辦公室裡，工時表上卻不是這麼一回事。但賴瑞當初是以豁免員工[4]的方式雇用我，在美國，這意味著你每個星期工作固定時數、領固定薪水，即便你加了很多班也是一樣。死刑執行當天，或是有越獄事件發生時，我可能會一天工作十四個小時，但隔天提早離開。結果，他們現在要我回頭檢視我的工時表，假設某一天我提前十五分鐘離開，我必須把它當作請十五分鐘的假。

當我嚴正抗議說，因為我過去是一個豁免員工，他們這麼做是違法的，他們置若罔聞，只是繼續進行調查。他們最後判定我有過失，勒令停職五天，把我降職並留待觀察。他們不想完全擺脫我，因為即使我秉持公開透明的原則，讓他們很不舒

服，他們也知道我把工作做得很好，而且很受記者歡迎。

當他們想要一個人離職時，通常會先錄用另一個人，但以相同的薪水雇用你，然後希望你自己辭職。然而，我現在做著同樣的工作，薪水卻少了一萬兩千元美金。為什麼只有我一個人被砍薪水？我和亨茨維爾的一個律師朋友見面，他協助我提出檔案公開申請。除了申請調閱所有關於我的調查文件之外，我也調閱了一些只有我才知道的特定檔案。我知道他們透過黑莓機討論我的事，因為這些訊息是藉由加密金鑰的方式傳送，意味著它們並沒有儲存在任何地方。我意外找到其中一則訊息，因為那是一串電子郵件中的一部分。但他們拒絕提供更多資訊，這是違反檔案公開法的行為。

我和身材矮小的副部長布萊恩．科利爾碰面，他幫布萊德．利文斯頓做所有卑鄙齷齪的事。科利爾給了我一句：「我應該直接開除你。」我說：「嗯，你沒有這麼做，現在我們來到這裡了。」他們把我趕到別的辦公室去，裡面到處都是蟑螂和

4 美國的工作者可分為豁免員工和非豁免員工兩種。非豁免員工指的是一般工作者和非主管級職位，薪資以時薪計，且須符合法定最低工資，每一至兩週發一次薪水。原則上，豁免員工加班，公司不需支付加班費，但為了避免雇主濫用加班權，美國政府對豁免員工的工作內容有進一步規定——這些人必須是專業或管理性質、行政職等職務，只有這些人加班，公司不用額外支付加班費。

蜜蜂。我在那裡坐了好幾個小時，除了留心可能會從天花板上飛下來的蟑螂以外，完全無事可做，因為他們再也不打電話給我了。

我知道我在監獄體系的職業生涯已經結束了，但他們還是要我目睹死刑。我很喜歡喬治・里瓦斯，我不想走進那個房間，看著他被處決。他是一個好人嗎？不盡然。他殺死了一位警察。我應該喜歡他嗎？也許不。但我認識他很多年，他很聰明也很迷人。話又說回來，他們也可能處死一個惡魔，而我也不想目睹處決的過程。走在高牆監獄的階梯上，我的腳步無比沉重，感覺像是一個即將被處死的犯人，拖著蹣跚的步伐、走向那張輪床。

如果是十年前，我可能會在筆記裡寫說，里瓦斯看起來像某個我認識的人，把報導寫完，接著去酒吧喝瑪格麗特。但我不再像過去那樣堅強，而是在車子裡哭泣。

在惠特邁爾指控我嚼食口香糖、一副滿不在乎的樣子之後，他們就禁止我參加董事會和立法聽證會。後來，他坦承他把我誤認成別人，因為有一位記者告訴他，我其實沒有參加那場會議。有時候，職場霸凌還真可笑，就像是拿著槍胡亂掃射一樣。

有一天，我把我過去寫的一些新聞稿從公用資料夾移至私人資料夾，因為我不容許我的前屬下傑森・克拉克（Jason Clark）拿走我的作品（他現在正試著搶走我的工作）。我覺得若我們現在做的是同樣的工作，拿的是相同的薪水，他可以自己寫新聞稿。當他發現他再也無法自由取用我的作品時，他立刻向布萊恩・科利爾告狀。科利爾把我叫到另一場懲戒會議上，那時我的電腦就被沒收了。最後，我又多了一項罪名，這次是「濫用職權」。負責其中一項調查的管理人員跟我說：「這是我做過最荒謬的事了。」但他們還是判定我有過失，因為我的上司們早就決定好要怎麼懲罰我了。

我覺得是把我的東西從舊辦公室搬走的時候了。所以我在下班後到那裡，收拾我在德州刑事司法部這段時間積攢下來的所有東西——書籍、犯人的手工藝品，以及所有的行刑文件（包含我從在《亨茨維爾簡報》開始所做的筆記）。隔天，科利爾打電話給我，說我這些文件現在全部都是屬於他的，要我還給他。我跟他說，我不會把它們交給他，因為當中有很多文件都是我擔任記者時留下來的，裡面包含一些公開資訊和我自己的筆記。他威脅我說，他要報警並控告我偷竊。我回答「你請便」，然後就把電話掛了。

接著我打電話給德州刑事司法部的監察長，向他說明目前的狀況。他告訴我，科利爾有權要我歸還這些文件，但他和我達成協議——我當天可以晚點再把它們交出去。我把我所有的筆記，還有那些後來形成本書骨架的文件都影印了一份。

在我的電腦被沒收後，我被調到一個完全不同的部門，在那裡我負責回答學生和學術單位在研究方面的問題。我事先跟我的新上司說：「從現在開始，我做的每件事都和你過去所做的無關。我只是做我該做的事而已。」她都能理解。在我的新崗位上，我會接到一些女性的電話，她們無法去探望她們的兒子或丈夫，因為他們被關在離家很遠的監獄裡。我認識很多在監獄體系工作的人，所以我動用了一些關係，讓某些犯人搬到其他監獄去。這件事是私底下進行的，但從來沒有被發現。

德州刑事司法部原本的預期是，如果有記者和我聯繫，我會不予理會。這種事不可能發生。他們是我這十一年來建立的人脈，因此我不會突然無視他們的存在。我會請他們和傑森・克拉克聯繫，這個我先前錄用的傢伙現在取代了我的工作。我只能忍受這種屈辱。最後導致我和德州刑事司法部徹底決裂的導火線，是在我收到一名部落客的電子郵件時；這名部落客是一位在監獄裡工作的矯正官。他們一直叫我不要回信給這傢伙，因為他們不認為他是記者。我覺得現在是網路時代，他是我們監獄體系的一員，而我過去又在新聞室工作，所以我應該要協助他取得任何他想要的資訊。

在這名部落客的信裡，他抱怨我之前沒有回覆他的請求，然後同時把副本寄給惠特邁爾。我回信給他（也一併回覆給副本收件人惠特邁爾），並且把所有發生在我身上的事都告訴他。一個小時之內，我的電腦就被鎖住了，我的員工資料上又多了一筆「違抗命令」的紀錄。

這次我的罪名是「未經允許就和記者聯繫」。我挑明說，他們之前告訴我，他們不認為他是記者，現在卻給我來這套。當我和人資部門的人談話時，她說：「你應該知道明天會發生什麼事。」我明白，這意味著他們打算要開除我了。我意識到我必須馬上找下一份工作，而且我自己辭職會好看一點。我擬好辭呈，等我的新上司下班後，塞進她的門縫裡，然後就離開了。

”

蜜雪兒・萊昂斯是最後一道防線，為黑暗時代仍在運轉的公部門提供一絲公開透明的可能性。沒有了她，該部門的公信力和可信度肯定會面臨嚴重衝擊。

——節錄自後門網站[5]（The Backgate Website），二〇一二年五月十日

5 後門網站創立於一九九八年，由德州刑事司法部現任和前任員工負責經營。這是一個非營利網站，他們與美國和世界各地的媒體合作，提供監獄和刑事司法相關資訊及新聞。

在德州刑事司法部，大多數人都令我尊敬，但沒有人想成為被攻擊的箭靶，為我挺身而出。我過去和一位在州長辦公室工作的女性很熟，我跟她說：「可以拜託你阻止這一切嗎？」但她不想被牽連。就連那些我以為和我是朋友的德州刑事司法部員工，也不想知道這些事，其中還有些人在臉書上封鎖我或解除好友關係。

德州刑事司法部對我所做的一切讓我心碎，這是我這輩子遇過最糟糕的事。家人和摯友的逝去、一段關係的結束……這些事都叫人難過，但我現在面臨的是另一種哀傷。

我拚命努力執行賴瑞教我的每件事，目睹這麼多死刑也帶給我很大的衝擊。此外，我還為德州刑事司法部承受了很多打擊。當惠特邁爾勃然大怒時，我會告訴利文斯頓，我親自發新聞稿向媒體說明，所有發言都由我自負責任，這樣惠特邁爾就不會生他的氣。有一次，利文斯頓跟我說：「我不知道你是怎麼辦到的，我絕對無法目睹死刑。」但他一次又一次地把我派去那裡，卻絲毫沒有任何不安，也不曾問我是否應付得來。對他來說，我就是如此廉價。

利文斯頓甚至沒膽和我坐下來談，告訴我這到底是怎麼一回事。他讓他的走狗科利爾全權處理，搞出這些狗屁倒灶的事，把我塑造成一個竄改工時、偷動手腳的人。當初賴瑞錄用我是為了確保資訊公開透明，多年來，我竭盡所能地提供記者協助，結果現在卻因為做一模一樣的事受到懲罰。

你知道他們一開始調查我時，跟我說什麼嗎？他們說我「偷走了州政府的時間」。這是在開什麼狗屁玩笑？他們才偷走了我大把的時間——應付越獄事件、犯人處決，以及其他各種危機事件，最重要的是，他們偷走了我內心的平靜。我離開時拿走的，只有一台釘書機而已。不，他們休想把那台該死的釘書機拿回去，就算他們求我也一樣。

我從還在讀大學時就開始工作，不曾間斷過。我從來沒有當過背包客環遊歐洲，也沒有休過長假，我成年後就只有不停地工作。因此，我現在不知道該怎麼運用我的時間。況且當你心碎沮喪時，你要怎麼享受它？二〇一一年，我再婚了。然而，我是家裡的經濟支柱，必須設法賺取足夠的金錢，才能保有我的房子、車子，並且支付帳單。我的丈夫和家人對監獄體系感到憤怒，若是我能得到他們的支持就好，但他們什麼都做不了。我離開時是二〇一二年的夏天，那時我和我的女兒躺在泳池邊，墨鏡遮住我哭泣的雙眼；我已經徹底崩潰。

我總是可以迅速地從挫折中振作起來，我生來就是一個充滿自信的人，但這次除外。對其他人輕而易舉的事，對我卻無比困難；我無法拼湊破碎的心，再次重整旗鼓。我的腦子一片混亂。我只想一個人躲起來、不被打擾，但同時又希望人們知道我需要一件救生衣。我的自我認同多半來自於這份工作，如果我不再是監獄體系的發言人，那我是什麼？也許我沒有自己想的那麼好？我不知道要去哪裡或做些什麼，這不是我。

我遭到其他公部門封殺，其他地方也不太會需要像我這樣的危機處理專家。過去這十一年來，我告訴人們監獄體系的具體細節，各種不會在其他地方發生的事——在礦泉井城（Mineral Wells）發生的暴動；逃犯在亨茨維爾偷走了一輛貨車，並且殺死了一名州際警；一位性侵犯在行經康羅時，拔槍對準戒護人員；一名死刑犯在他的牢房裡藏了二十五瓶私釀酒；有個傢伙在火柴盒裡養了隻老鼠當寵物；德州各地的監獄裡有許多犯人企圖自殺（某些人成功了，但大多數人並沒有）；腮腺炎和流感等疫情爆發；犯人用自己的排泄物塗抹身體；犯人把尿液和精液噴在獄警的臉上；犯人把手機藏在屁股裡；犯人試圖取出黑寡婦蜘蛛的毒液……

我的天啊！我的工作極為特殊，必須面對這樣一群獨特的人。在自由世界，你很難找到把手機藏在屁股裡的人，再說若是你知道有人試圖取出黑寡婦蜘蛛的毒液，或許你應該把這件事告訴別人。我目前的處境使我想起美國鄉村歌手吉米・巴菲特（Jimmy Buffett）的一句歌詞：「多年後我發現，我的職業傷害就是我的工作已經不復存在。」

最令我苦惱的是，不會有人記得我曾經存在過。這感覺就像被我的第一任男朋友拋棄，只是比那再糟上十倍。跟一個人分手雖然會感到悲傷、迷惘，但當我和第一任丈夫離婚時，我很確定自己將不會一個人死去。然而，當我離開德州刑事司法部時，我滿腦子想的都是：「我再也找不到讓我這麼在乎的工作了。在我的下半輩子，再也找不到了。」我錯失了許多和家人相處的時光，看著這麼多人死去、經歷了這麼多鳥事，現在我確信，當我最後一次踏出那扇門時，記者和德州刑事司法部的基層員工立刻就忘記我了。我想，我註定要變成那座孤獨的墓碑，坐落在雜草叢生、乏人問津的地方。

我的丈夫要我放心，這種事絕不會發生；他是對的。這些年來和我一起工作的記者們，很多都報導了我的故事，這令我很感激。過去我竭盡所能地善待他們，現在在我非常需要幫助時，他們給了我許多回饋。我還是不斷地接到記者的電話，說傑森・克拉克不提供他們協助。這讓我心裡好過多了——或許我沒有自己想的那麼差勁。

德州刑事司法部的新任發言人約翰・赫特打電話給我，跟我說他也遇到同樣的問題。他不懂這裡的人，不明白他們為什麼堅持要以電子郵件回覆記者；這是記者很討厭的事。此外，他也對德州刑事司法部隱匿消息很不解。他們勸阻他不要把真相告訴媒體，當他把事實說出去時，他們就「抓狂」了。當他站出來批判德州刑事司法部時，我覺得自己被平反了。現在人們知道我不只是一個充滿怨恨的前員工而已，因為這個有多年經驗的德州交通部（Texas Department of Transportation，簡稱TxDOT）資深員工也說，德州刑事司法部有很嚴重的問題。當我讀到那句「德州刑事司法部像是在進行『思想亂倫』」時，我忍不住笑出聲來；我覺得實在是說得太好了。

監獄體系裡有一些很棒的管理人員和領導者，我非常尊敬他們，但也有些人根本不該待在那裡，包含利文斯頓和科利爾。亨茨維爾是一個小鎮，很多德州刑事司法部的領導者都彼此認識幾十年了。他們一起到山姆休士頓州立大學就讀、修習刑事司法課程；他們一起成為矯正官；他們一起升遷，因為他們經常互相提拔。這是一個充滿老同學的體系，老朋友往往會相互扶持。他們變得陳腐，因為他們對這個圈子以外的任何人、任何事都不感興趣。他們變得封閉、隱密、保守。

和德州刑事司法部這麼龐大的組織對抗，令人不愉快且膽戰心驚，軟弱的人是承受不住的。但我不得不這樣做。利文斯頓最喜歡的俗諺之一是「這是場馬拉松，而不是短跑」，現在我拿它來勉勵自己。他們在前面幾次戰役大獲全勝，但我決心贏得整場戰爭。我曾經對這些人如此忠誠，他們卻背叛我。我知道我是對的那一方，我不能讓他們就此逃脫。這是攸關原則的問題。

《休士頓紀事報》的記者朋友介紹了一位律師給我。這名記者十分優秀、在工作上努力不懈，當她得知發生在我身上的事時，她很火大。當我的律師為出庭做準備時（他以我是性別歧視下的受害者作為核心），我開始在以色列駐休士頓領事館工作。我覺得和前雇主打官司很不光彩，因此我不認為會有任何人想和我有所接觸。但以色列人一點也不在意，這使我覺得很溫暖。我是從牆上摔下來的蛋頭先生（Humpty Dumpty），已經支離破碎，但它們將我拾起，並且幫我重新拼湊起來。很快地，我就變成這個大家庭的一分子；這裡熱鬧有趣，讓我非常喜歡。

生活仍舊艱辛。這時，我的薪水只有在德州刑事司法部工作時的一半，我必須賣掉我的車（一輛大型休旅車），換一輛小一點的車，因為我付不起油錢。原本我也可能會失去我的房子，幸好最後及時收到一張八千元美金的失業補助支票。二〇一三年八月，一位休士頓的聯邦法官拒絕受理我的案子（他過去一直和監獄體系站在同一邊）。這時候，你可以選擇放棄或把案子遞交到聯邦上訴法院（federal court of appeals）。於是我們重新做好準備並回到戰場上，向位於紐奧良的美國聯邦第五巡迴上訴法院（US Fifth Circuit Court of Appeals）提起上訴。

這場官司持續了兩年多，我不停地複述我的故事，其中包含一場長達八小時的訴訟採證[6]。當時，我們坐在德州檢察總長辦公室裡，有四、五個人坐在我和我的律師對面。我甚至開車到奧斯汀，只為了聆聽傑森・克拉克的證詞。因為我心想：「我告訴你，如果你要說謊，就當著我的面說。」我全程盯著他瞧，盡可能讓他感到不自在。每當他說了些什麼時，我都會故意寫在筆記本上，然後跟我的律師竊竊私語。我們只是想嚇嚇他而已，從他臉上的表情看來，這招似乎還蠻有效的。

他們以為我會自己放棄，但這一連串事件使我明白，我比自己想的堅強許多。我時常想著：「我在德州刑事司法部工作了十一年，他們可曾注意過我是誰？他們真的覺得我會乖乖順從嗎？這對他們來說，應該一點都不意外才對。」在這段過程裡，我接到來自德州刑事司法部員工的電子郵件和電話，跟我說他們也碰到類似的問題，想知道要如何對抗。現在我彷彿也在為他們而戰。

上訴法院說，賴瑞的書面證詞證實，我的確依照他的指示填寫工時，但原涉案法官並沒有提到這件事，這是不對的。他們也同意，傑森・克拉克也用同樣的方式填寫工時，可見我受到了歧視。當我心碎沮喪並在泳池邊哭泣時，傑森卻升官了。想必檢察總長辦公室建議德州刑事司法部不要再為這場官司浪費納稅人的錢，因為他們都同意支付和解金。我贏得了勝利，這感覺棒極了。

在調解會議上，檢察總長辦公室的律師告訴我，事情不該走到這種地步。我受了很多委屈，他們聽說這是因為我和一名休士頓的參議員意見不合。不過，當我們對和解金額達成共識，德州刑事司法部也支付了和解金之後，現在該是我上場的時候了。我心想：「來吧！全部都抖出來吧！」如果有記者或部落客想知道發生了什麼事，我會把所有血淋淋的細節都告訴他們，因為很顯然，某些媒體是站在我這邊的。

我認為利文斯頓和科利爾應該要被懲處，另外，也應該針對傑森・克拉克作偽證一事立案調查。他雖然宣誓要據實作證，他的證詞卻對工時表的問題陳述不實。我也提醒記者們要對他發佈的消息特別留心。從我過去在德州刑事司法部工作的經驗來看，他們對外界的批評只能概括承受，這使我感到十分痛快。

德州刑事司法部發表聲明，說我這個案子「沒有法律依據」。然而，上訴法院的判決書白紙黑字寫得清清楚楚。我不在乎人們是否覺得我充滿怨恨。我的確充滿怨恨；我很痛恨那些說謊的混蛋。但廣大納稅人也有權知道真相，因為德州刑事司

6 訴訟採證又譯為「庭外筆錄」，指的是民事訴訟或準司法程序（quasi - judicial）中的事證蒐集階段，在進法庭進行言詞辯論前，為了蒐集更多事證，雙方律師有權向對方證人問話並當場製作筆錄。採證地點在法庭外，過程中法官也不會在場。

法部被迫付給我的錢都出自他們的口袋。幾年後，我的一個法官朋友告訴我（他和監察長辦公室有聯繫），德州刑事司法部確實捏造罪名誣陷我，只為了討好參議員惠特邁爾。此外，我也發現傑森・克拉克和我做同樣的工作，薪水卻比我多了兩萬一千元美金。如果那時我們知道這件事，就能徹底擊敗德州刑事司法部。

”

嘿，這裡有句話可以讓你的日子過得更順遂——

「快樂不是獲得你想要的東西，而是享受你所獲得的一切！」

——節錄自蘭迪・阿若優寫給蜜雪兒的信，二〇〇二年七月十七日。二〇〇五年，阿若優被改判無期徒刑。

第12章

情緒傾瀉而出

「我是一位公職人員……社會大眾透過媒體表達他們的期待——每一次死刑都應該井然有序地執行。」

——前英國絞刑師詹姆斯・貝瑞（James Berry），1892

「這是一件偷偷摸摸、見不得人，而且令人不寒而慄的事；行刑人不能公開露臉或讓別人看見……我很清楚，死刑不應該被支持。自願擔任行刑人根本是沒有必要的。」

——節錄自克里斯多福・希鈞斯[1]（Christopher Hitchens）〈死刑的場景〉（*Scenes from an Execution*）一文，1998

失去在德州刑事司法部的工作，是我這輩子經歷過最痛苦的一次分手。但若是他們沒有逼我離開，或許我目前仍然困在這段不正常的關係裡。那麼我到現在會目睹過多少次死刑？三百四十次？三百五十次？我可能還在跟自己說，這是我的天職，我生來就是要看著人們在輪床上死去。

當我在德州刑事司法部接受懲處，當我被降職、覺得自己快要被開除時，我曾經祈禱這一切快點停止。我心想：「嗯，上帝似乎很討厭我。為什麼祂要讓這種事發生？祂知道這些人對我不公不義，祂也知道他們在說謊，為什麼祂不阻止這一切？」然而，有時上帝會試著把你推向你百般抗拒的地方，讓情況變得極其悲慘。

事情必須如此發生，因為我太害怕、太固執、太忠誠，不願意自己離開。我習慣了監獄體系的生活，和某些犯人沒有什麼兩樣。事後看來，雖然不能說我在那裡過得很舒服，但在某種程度上，也算是安逸。我不想被放出去，因為外界的生活對我而言，是這樣陌生、令人感到恐懼。

我早年的行刑筆記告訴我，一切從未井然有序，而且隨著時間過去，他們變得

1 克里斯多福・希鈞斯，美籍英國專欄作家、知名記者、評論家。他是無神論者，反對宗教，支持社會主義、反對極權，被譽為「當代最聰慧的新聞人之一」，著作有二十餘冊。

越來越雜亂無章。但即便有千頭萬緒煩擾著我，我也沒有想到它們最後會開始令我感到窒息。我只能氣憤地說，德州刑事司法部幫了我一個大忙。我有時還是會想起這些不公不義的事，因為過去這份艱難的工作對我產生極大的影響，我永遠也無法逃離或擺脫，這些人卻試圖摧毀我的名聲而沒有受到懲罰。

在我離開監獄體系一段時間後，我會想，我是否也要對最後的結局負一部分責任。也許我應該閉上嘴巴？也許我應該要乖乖聽話？但最後我心想：「算了吧，這樣就不是我了。他們對我不公不義，我只是捍衛自己的權利而已。」最後，我心中的那些怨恨開始逐漸消散。就像羅伯特・庫爾森曾經跟我說：「你為死囚室帶來了陽光。」或許我的任務就是讓某些犯人的日子變得好過一些。

我懷念我剛開始做這份工作的時候；我懷念費茲傑羅；我懷念和媒體一起工作；我懷念走訪監獄的時候；我懷念和矯正官、典獄長，甚至是犯人們互動。但我一點都不懷念死刑。

有些人覺得我理應受到這樣的懲罰，因為他們把我視為這具殺人機器的一部分。雖然某些評論很苛刻，它們並沒有使我感到困擾。我讀到《亨茨維爾簡報》上的一篇讀者投書，文中把我稱作「德州刑事司法部的傀儡」。我心想：「嗯，是啊，這種說法雖然讓人不太開心，但在某種程度上，我確實是他們的傀儡。」不過，大多數人都把我看作在公司城鎮工作的人，沒有什麼其他機會，因此對我深表同情。結果，機會比我原本想的要多，只是當時我沒有看到而已。

此外，我從來不覺得我有做錯任何事。我沒有說謊，但我也沒有把所有我知道的事都說出去。我的工作就是德州刑事司法部的代言人。當我離開監獄體系越久，我就越明白，我過去把我的工作做得很好。

我和賴瑞一直保持聯絡，他不曾寄聖誕卡或生日卡給我，但我們會在聖派屈克節（St Patrick's Day）、桃樂絲・帕克的生日，以及禁酒令被撤銷的日子和對方聯繫。另外，我想德州或其他地方的每一名記者也都和我保持聯絡。他們有些人喜歡跟我分享，他們和德州刑事司法部新聞室之間難以理解的一些小問題。在我離開五年後，新記者們也跑來找我（他們的前輩，甚至是犯人都告訴他們要這麼做），這樣我可以幫他們找出真相。因為那個取代我、比我多賺兩萬一千元美金的傢伙，不會提供他們協助。

大部分的犯罪新聞記者都非常敏銳。賴瑞過去經常跟我說：「若是《奧斯汀美國政治家日報》（*Austin American-Statesman*）的邁克・沃德（Mike Ward）打電話來問你問題，他其實早就知道答案了。如果他詢問關於一項新政策的事，你卻說那項政策不存在，他就會自己胡亂編造。所以，絕對不要對他不誠實。」但新任發言人因為害怕說錯話，反而開始什麼都不說。現在你時常會在文章裡看到這句話：「德州刑事司法部發言人在一封電子郵件中說……」他們用這種方式來戳監獄體系一下，告訴讀者：「嘿，我試著要他們跟我講，但他們不願意這麼做。」

德州刑事司法部還通過一項規定，不再讓案件發生地以外的記者目睹死刑。當我剛開始在德州刑事司法部工作時，那裡有一份候補名單，德州各地的記者都在搶觀刑室裡的位子。到後來，由於預算限制，報社不再派當地記者去目睹死刑，完全仰賴美聯社葛拉澤克的報導。甚至有幾次死刑結束之後，《亨茨維爾簡報》卻沒有報導，這令我很火大。有個人在鎮上被處決，他們卻覺得沒有報導的必要？那天在亨茨維爾還會有什麼事比犯人被處死更重要？不過，現在就算你想要目睹死刑，他們可能也不會讓你這樣做了。

有一位記者告訴我，他提出相關申請，沒想到卻被指控有「病態的好奇心」。他們甚至不讓他進入任何一間監獄。這傢伙正在寫一本關於死刑的書，希望他們指點迷津，但德州刑事司法部不想幫助他。這完全和賴瑞教我的事背道而馳，因此令人感到非常沮喪。

我們認為，把觀刑室裡的位子都填滿、不對外築起高牆很重要，因為我們沒有什麼好隱瞞的。即便有些事我們必須有所保留，但我們也真心誠意地提供協助。德州刑事司法部是一個國營機構，負責執行聯邦地方法院宣判的死刑，但他們似乎不認為，人們有權知道在他們的在行刑室裡發生了什麼事。就像德州資訊自由基金會（Freedom of Information Foundation of Texas，簡稱FOIFT）的董事保羅・沃特勒（Paul Watler）說：「德州刑事司法部沒有滿足社會大眾的需求，而且絕對不公開透明；他們不提供位子給沒有與他們配合的媒體，因為在某些情況下，德州刑事司法部不允許特派新聞記者參與。」

二〇一四年，在俄亥俄州、奧克拉荷馬州和亞利桑那州執行死刑時發生失誤後，德州刑事司法部就開始限制人們目睹死刑。在奧克拉荷馬州，一位名叫克萊頓・洛基特（Clayton Lockett）的死刑犯被注射了未經測試的混合藥物，結果花了四十五分鐘才在輪床上死去。醫生判定他死於心臟病發，而非化學藥劑。這無疑是一種異常且殘忍的死法，不會比被電椅燒死，或被吊在絞刑架上卻仍一息尚存要好。

在俄亥俄州，丹尼斯・麥蓋爾（Dennis McGuire）在輪床上抽搐了二十五分鐘才斷氣。在亞利桑那州，約瑟夫・伍德（Joseph Wood）據說拚命大口呼吸近兩個小時才解脫。這三個州都使用了一種新的混合藥物，因為許多生產舊有藥物的藥廠都在歐洲，這些藥廠決定停止生產，或是將它們銷售至還保有死刑的那些州。

二〇一二年，德州從注射三種藥劑改以一種藥劑來執行死刑。沒有人知道德州從哪裡取得這些藥物，因為德州刑事司法部被容許保守祕密。德州刑事司法部宣稱，透露藥物供應商可能會使他們遭到報復，這根本就是一派胡言。為什麼不讓大家知道？他們用稅金購買這些藥劑，用來處決犯人。社會大眾必須知道它們的來源是否安全，德州刑事司法部不願意公開是很荒謬的一件事。我懷疑他們不肯透露的真正原因是，一旦他們這麼做，這些公司為了顧及名聲，不再把藥物賣給他們，這樣德州就無法處死任何人了。

在我離開之後，我就不太關注死刑的事，也從未覺得自己錯過了什麼。就像大部分的亨茨維爾人一樣，我並沒有意識到它們就在我的身邊。我偶爾會接到記者打來的電話，希望了解我在監獄方面的知識。不過，如果他們來自歐洲，我通常都會回絕，因為他們只會扭曲事實。

二〇一二年十二月，我離開以色列領事館，到休士頓一家律師事務所從事公關工作。我現在賺得比在德州刑事司法部工作時多，這讓我覺得很滿足。而且我再不需要發佈人質挾持事件、犯人自殺或監獄「騷動」的新聞，真是一種解脫。

我的女兒知道我過去在監獄體系工作，她從很小時就知道「犯人」這個詞是什麼概念。她會看著身穿白色囚服的犯人在亨茨維爾的街道上撿垃圾，然後說：「媽媽，他們是壞人。」我聽了會說：「不是的，他們做了壞事或在人生中迷失了方向，但這不代表他們就是壞人。」我認為，跟她說明這種區別是很重要的。

當時，我正在看電視上的一則報導，報導中說安東尼・格雷夫斯（Anthony Graves）因為在一九九二年殺死了一家六口，被關在死囚室裡十二年，直到二〇一〇年被無罪釋放。我女兒問我「死刑」是什麼意思，我試著跟她解釋。但我不想告訴她，以前我在那間房間看著犯人們死去，我也對那裡的一切十分熟悉。當她十歲左右時，休士頓一家電視台來採訪我，我讓她坐在旁邊聽。因為她終究會發現這一切，所以我想要先下手為強。

任何孩子或家長都可能會跟她說：「你的母親過去以看著人們死去維生。」她是個隨和的孩子，她看待我就像我看待自己的母親那樣。我是她的寶貝，只要我在她身邊，她就不會一直問我為什麼要做那些事。

從我亨茨維爾的家到休士頓的辦公室路途遙遠，在通勤的過程中，埋藏在我內心深處的那些情緒終於傾瀉而出。對我來說，這些事究竟何時發生並不重要，它們只是不斷地湧現。那時我嚇傻了，後來才慢慢抽離，並且開始將它們分類整理。我必須試圖弄懂這些想法代表什麼意義，否則我將永遠無法擺脫它們；漫長的車程讓我有很多時間可以東想西想。我會突然看見那位不知名的犯人在輪床上流下那一滴眼淚，或是瑞奇・麥金恩的母親用她佈滿皺紋的雙手按壓著觀刑室的玻璃。每當我看到那雙手時，都會使我哭泣。試著想像一下，你看著你的孩子在你面前死去，卻無法阻止這一切。

接著我可能會想起在被害人家屬召開的記者會上，有一位母親安靜地坐在那裡，幾近恍神狀態；當時她的丈夫正在陳述，目睹殺死他們女兒的兇手被處死是什麼感覺。然後，那種恐懼又會向我襲來，因為在他們身上發生了最可怕的事。

二〇一三年的一天早上，我把我女兒送到學校後，打了通電話給賴瑞。我們聊著我們一起在德州刑事司法部工作的日子，我突然覺得應該要問問他，是否曾經想起他目睹過的那些死刑。我不曾跟賴瑞談論過這個話題，我從來沒有想過要這麼做。我希望他覺得這沒有什麼大不了的，就像我希望所有人都覺得這根本沒有什麼。我過去是個堅強的小妞，看著人們死去只是我賴以維生的方式。因此當人們問我時，我只會告訴他們有趣的地方，將其餘的部分省略。現在我提出這個問題，結果賴瑞卻跟我說，他總是做關於死刑的惡夢。

我只做過一次關於死刑的夢。在夢裡，我的外祖母因為殺死她的丈夫而被處決。我和我母親的母親非常親近，並且把我女兒以她的名字來命名。但在這個夢中，即使是我的外祖母躺在輪床上，我還是一直告訴自己：「我不能哭，因為我有工作要做。」當我把這件事告訴外祖母時，她覺得這是她聽過最好笑的事。賴瑞會做這些惡夢讓我很驚訝，因為他已經離開德州刑事司法部那麼久了。我心想：「我的天啊，這十年來，他都做著這些惡夢；同樣的事會不會也發生在我身上？」

這很恐怖，因為賴瑞看起來十分堅強。在我心裡，他始終是令我這個年輕記者印象深刻的狠角色；他這位新聞室主任沉著冷靜、妙語如珠。同時，我一直以為賴瑞反對死刑，所以他會比我更難應付他所目睹過的一切。我過去都笑他是「該死的嬉皮」，因為他來自奧斯汀，是個自由奔放的傢伙。然而，現在他告訴我，他沒有我想的那麼反對死刑，這意味著我將來也可能會做很多惡夢，讓我感到很困擾。但最令我難過的是，他依然為此所苦，我竟然都沒有察覺。

賴瑞・費茲傑羅

當德州刑事司法部提供退休補償方案給我時，我心裡只想著：「我要離開這裡了耶！」我已經準備好了。但我離開後不久，我在德州律師公會工作時認識的一名律師突然打電話給我。接下來，一群律師就圍坐在我的餐桌前，問我和一位名叫湯瑪斯．米勒．艾爾的死刑犯關係如何——他是個怎樣的人、他怎麼度過獄中生活，以及我都跟他說些什麼等等。一九八五年，湯瑪斯在歐文犯下一起可怕的案件。他和他的妻子搶劫一家汽車旅館，開槍打死一名櫃台接待員，並造成另一名接待員癱瘓。他們逃到休士頓，在被逮捕前，和警方展開槍戰。湯瑪斯在達拉斯接受審判，並被判處死刑。

我第一次見到湯瑪斯時，他正在接受記者訪問（那位個子嬌小的記者來自丹麥，有著一頭美麗的金髮）。我向他自我介紹，我們立刻就相處得很融洽。他經常來到訪談室，跟任何想和他談話的記者聊天，因此使我的工作變得輕鬆許多。他總是說同樣的故事，但他講得很好。我會和他一起坐在他的床鋪上，或是跟他在成衣工廠裡聊天。他是一個狂熱的籃球迷，我會和他一起在放風區打籃球（直到馬汀．古魯爾越獄之後，這一切就毀了，從此死囚室受到更嚴格的管制）。我總是開玩笑說，他應該要戴上手銬，讓比數平均一點。我非常喜歡湯瑪斯。我很快就忽略他是犯人的事實，他只是個普通人而已。

一九八〇年代，達拉斯對面臨殺人罪指控的黑人很不友善，因為地方檢察官亨利・韋德（Henry Wade）曾經給予明確指示，少數民族不得加入陪審團。我的一個老朋友是律師（過去人們認為他是一名很特別的檢察官，而他也和一般辯護律師不同），他認為湯瑪斯受到不公平的審判，因為陪審團刻意把黑人排除在外。我跟這些律師解釋，湯瑪斯在監獄裡是個和事佬，擺平了不少犯人之間的棘手事端。有句老話說「最好的囚犯是殺人犯」，因為他們多半是一次性犯罪，而且並非預謀。他們很多人最後都不再是問題人物，湯瑪斯就是如此。

他可以算是「老弱殘兵俱樂部」的成員。這在監獄術語裡，是指年長的犯人，他們不能做繁重的勞動，所以負責回收金屬罐頭之類的工作。漫長的服刑歲月會改變一個人，有些人變成了更好的人，湯瑪斯就是其中之一，他已經不會對社會造成威脅。

這些律師把我的話告訴法官，然後湯瑪斯被改判無期徒刑。湯瑪斯拒絕了重新受審的機會，因為那個中彈癱瘓的人還活著，可能會做出對他不利的證詞。

我不曾問湯瑪斯，他是否有罪。我知道人們認定他做了些什麼，他也知道我曉得。但我從不認為他是開槍的那個人，我一直懷疑他是為了他的妻子桃樂絲頂罪。不過，對我來說，湯瑪斯是否有殺人都無所謂。我在意的是，湯瑪斯的審判並不符合正當法律程序。能讓他從死囚名單中除名，我感到很開心。但過了一陣子，我開始心想：「我這樣做是對的嗎？我有幫到湯瑪斯任何忙嗎？也許沒有。」湯瑪斯永遠都無法活著離開監獄。

我在德州刑事司法部工作了八年，十分了解犯人（不只是死刑犯，也包含一般犯人）承受的痛苦。監獄生活並不好過。事實上，被關在牢裡宛如人間煉獄。在德州的監獄裡，犯人的自殺率非常高，但很少有人自殺成功。這告訴我兩件事——第一，德州的監獄是個很糟糕的地方；第二，監獄體系的效率極高，近乎無情。我是一位優秀的專家證人[2]這件事很快就傳開了，我突然開始接到德州各地辯護律師的電子郵件和電話。我從來不覺得自己是什麼專家，結果突然間，我發現我的確是。我想，我在德州刑事司法部取得了「監獄生活」的博士學位。我會站在法庭上，說明監獄體系是怎麼運作的，以及被判處無期徒刑（而非死刑）的犯人生活是什麼樣子。基本上，我的工作就是向陪審團裡的那十二個人解釋，除了把犯人處死之外，還有其他選擇。

十分有意思的是，我開始和一個名叫丹尼斯・隆邁爾（Dennis Longmire）的傢伙一起工作。他在山姆休士頓州立大學教授刑事司法課程，堅決反對死刑。每當有死刑執行時，丹尼斯就會在高牆監獄外面抗議，風雨無阻。我很尊敬他，現在我們都在同一條船上。

在我出庭的幾次審判中，陪審員都投無期徒刑（而非死刑）一票。不過，我這麼做並不是出於任何道德考量，而是因為這可以讓我忙個不停，而且收入豐厚。此外，我不曾真的認為，我是為了使犯人不被判死刑。我甚至一直想著，為什麼從來沒有檢察官和我聯繫。因為我提供的這些資訊，他們應該能夠好好運用。

我承受了死刑犯家屬的關愛，以及許多被害人家屬和我在監獄體系的老同事們的恨意和敵意。當我回亨茨維爾參加退休餐會時，其中一名典獄長說我是個叛徒。我心想：「如果他這麼想，我會藐視他。我根本不在乎他或其他人怎麼想，因為我始終對監獄體系忠心耿耿，除了那些弊端以外。」過去我在德州刑事司法部工作時，並沒有對他們造成任何損害，這讓我很自豪。

在利文斯頓舉行的一次謀殺審判上，我被問到對死刑有什麼看法。對此，我還是保持一貫的回答：「無論我對死刑的看法如何都沒有關係。」結果，那位律師跳

2 為了彌補法官知識的不足，英美法系創設了專家證人制度。所謂的專家證人是指具有專家資格的證人，他們可以協助陪審團或法庭理解某些複雜，甚至難以理解的專業性問題。專家證人提供的意見被稱為「專家證詞」（expert testimony）。專家證人不一定是該專業方面的權威，但必須具備一定的經驗和資格。在只有專家才能幫助法官或陪審團解決爭議的情況下，專家意見也可以被採納為證據。美國法院規定，專家證人無論以口頭或書面提出證詞，都必須在雙方當事人面前提出，並接受交叉詰問。

起來說：「費茲傑羅先生，當我在你宣誓過後問你話，你的答案就很有關係！」於是我說：「是的，我支持死刑，但死刑在德州太氾濫了。」該名犯人殺死了比他年長許多的女朋友，顯得非常懊悔。然而，這次檢方取得了勝利，他最後被判處死刑。

隨著時間過去，我開始日漸質疑死刑的目的。它肯定和報復有很大的關聯。德州有很多檢察官都具備牛仔性格和強烈的征服慾。在德州，地方檢察官是一種政治工作，他們喜歡人們覺得他們保護當地居民，並且嚴懲罪犯。亨利・韋德擔任達拉斯郡地方檢察官三十六年，他負責的案件定罪率高達百分之九十三，那些少數和他打贏官司的辯護律師，都自稱是「百分之七俱樂部」的成員。牛仔性格就是如此。

另外，還有花費的問題。要處決一個人是十分昂貴的，大多數人都不明白這一點。如果你在德州被判死刑，上訴是必然的，因此你必須把案子遞交到聯邦上訴法院，然後你還可以一路上訴到美國最高法院[3]。當這個人被綁在輪床上時，已經花掉了數百萬元美金。勞倫斯・布魯爾和約翰・金恩因為小詹姆斯・伯德一案被判處死刑時，賈斯伯郡必須提高房產稅才能支付相關費用。

但比起花費，我更擔心的是無罪釋放的情況氾濫。韋德在二〇〇一年去世，之後的那七年間，這樣的案子光是在達拉斯郡就有十九件，其中三分之二有黑人涉案。他們通常是因為DNA鑑定結果出爐而被釋放。麥可・莫頓（Michael Morton）因為被指控打死自己的妻子，被關在德州的一間監獄裡近二十五年。他的律師為他爭取了六年才獲得DNA鑑定的機會，等結果出爐後，法院判定莫頓是無辜的。不僅如此，還有人指出，威廉森郡地方檢察官刻意隱瞞證據，讓真正的殺人兇手在獲釋後又再度殺人。

厄尼斯特．威利斯（Ernest Willis）因為被指控放火燒死兩位女性，被關在死囚室裡十七年。他在一九九一年差點被處死，卻在二〇〇四年被無罪釋放。雖然他們還在爭論卡麥隆．陶德．威林罕是否放火燒死了他的三個女兒，在威利斯獲釋的同一年，他就被處決了。

有很多人從死囚名單中除名，這告訴我，監獄體系是有弊端存在的。在一級謀殺審判中出庭，我看到某些檢察官極其不合理的行為。他們會傳喚專家證人，說某

3 美國各州根據本州的憲法和法律設立法院系統，與美國聯邦法院平行並相互獨立。各州根據州法律審理案件，一般分為三級：初審法院、地方法院（中級上訴法院）、州最高法院（州法律的終審法院）。被判死刑的人有多重上訴程序；即使在州法律系統內被判處死刑，死刑犯在州內上訴失敗後，還可以依據美國憲法中的「人身保護權」（Habeas Corpus）上訴到聯邦法院。死刑上訴往往會一路打到美國最高法院。聯邦最高法院對所有聯邦法院、州法院和涉及聯邦法律問題的訴訟案件有最終上訴管轄權（而且在很大程度上，有斟酌決定權）。

個被判處無期徒刑的犯人可能會再次殺人，所以他應該要被處死。其中有一名證人說得好像監獄走道血流成河的樣子。死刑有一項判定標準是「未來的危險性」，這令我有些困擾。這些犯人和死刑犯沒有接觸，他們在自己的牢房裡用餐，一天只有一個小時的放風時間。他們未來怎麼可能會對任何人造成威脅？

我過去在德州刑事司法部工作，他們負責執行死刑（這是一種極度官僚的行為），這使我心想：「他們永遠都是對的嗎？」我不覺得有罪惡感，我沒有讓這些人被判死刑，但我有可能看著無辜的人被處決，這種想法令我感到厭惡。

我和某些曾經是犯人的人保持友誼，這是我沒有想到的事。我們來來回回地寫信，偶爾我也會突然接到他們打來的電話。那就像在跟同學聊天一樣——「嘿，最近好嗎？」這些人逐漸適應外界的生活，我覺得這樣很棒。我認識一位年輕的犯人，他在高中畢業當天發生車禍，撞死了幾名青少年。在那天晚上之前，他不曾喝過酒。如果不是上帝保佑，我可能也會如此。在他入獄服刑期間，我變得很喜歡他。他只是一個像我一樣脆弱的人，不小心犯了錯，但至少他不需要為了這個錯誤而死。

在他出獄後，我和瑪麗安甚至與他和他的家人一起參加橡皮艇之旅（tubing trip）。他在獄中取得學士學位，最後成為了一位律師。在我退休之後，我曾經試著要去探望湯瑪斯・米勒・艾爾，他們卻說不能讓我進去。我不確定這是為什麼，我只是想看看老朋友而已。

二〇一五年，我接到英國 BBC 打來的電話。他們想拍一部關於我目睹這些死刑的紀錄片。有一天，導演問我：「你願意在鏡頭前和拿破崙・比茲利的父母親對話嗎？」我說：「沒問題，但他們不會願意的。」隔天，他又打給我，告訴我他們想要這麼做。在前往他們位於格雷普蘭的住處時，我突然想起，我對拿破崙的成長背景其實不太清楚。我知道他很聰明、是個出色的橄欖球員，但我不知道他過去是住在簡陋的小屋裡，還是更舒適宜人的地方。最後發現，他們住在鄉下一間美麗的大房子裡，這讓我有點驚訝。

我原本有些不安，因為我以為他們會感到憤怒或難過。結果，他們是一對非常友善的夫婦。那真是一個美好的下午。拿破崙的父親艾爾蘭（Ireland）似乎對監獄體系極為不滿，但在訪談結束後，他跟我說，他曾經是一名矯正官。這樣的諷刺令我十分震驚。他的妻子蕾娜（Rena）是一個非常溫柔的人。她形容拿破崙是「每個人都會想要的那種兒子」，他過去總是把她當成女王一般對待，還向人們介紹她是「他的女人」。在他入獄服刑期間，他們從來沒有錯過任何一次探訪。當我告訴她，我有多喜歡拿破崙時，她開始哭泣，並且敞開心胸、侃侃而談。

令我感到意外的是，對於那些壞到不能再壞的人，她並不反對死刑。話又說回來，拿破崙不是這種人。她說，拿破崙被處死時我人在現場，這帶給她很大的安慰。聽到她這句話，讓我很開心。這就是我想留給人們的印象——公平地對待所有人。

當德州刑事司法部對蜜雪兒施加龐大的壓力時，我非常憤怒。她不應該被這樣對待。蜜雪兒和我十分親近，我很喜歡她。她把犯人們當人看，同時公平地對待記者，就像我一樣。這就是為什麼他們要在背後捅她一刀，並且擺脫她；因為他們認為她的做法已經過時了。她誠實坦率、樂於協助、充滿好奇心，但德州刑事司法部想要隱匿一切。在蜜雪兒離開之後，他們不再告訴社會大眾關於暴動、越獄事件和人質挾持事件的消息。難道這些糟糕的事突然不再發生了嗎？又或者他們只是開始隱藏這一切？一個德州刑事司法部的老同事跟我說：「這就像是他們把水龍頭關掉了一樣。」我想，德州的監獄體系不想要蜜雪兒如此開誠佈公。

當我們都還在那裡工作時，我們會從停車場走到那段階梯上，然後我會在高牆監獄大幅度揮動手臂，說：「萊昂斯小姐，有一天這全部都會是你的⋯⋯」然而，我對錄用她抱持著罪惡感。不只是因為最後發生的那些事，而是因為目睹這麼多死刑對我產生巨大的影響。在我離開後，我不斷地想著我目睹過的一切。當〈平安夜〉這樣優美的聖誕歌曲使你想到死亡時，顯然不太正常。我會夢見卡拉．菲耶．塔克、蓋瑞．葛拉罕和肯尼斯．麥德夫。肯尼斯．麥德夫不會是你想夢到的人，但他已經深深地烙印在我的腦海裡。

我會夢見死刑犯在遺言中說過的話，例如哥林多前書裡的那一長串經文。我會夢到我和詹姆斯·貝薩德在死亡之家一起享用黑櫻桃。我會夢見一個天真無邪的男孩，他們都叫他「香豌豆」；他殺死了一位警察。他被捲入一場槍戰，傷口引發了併發症，所以他們把他送到加爾維斯敦的醫院，幫他動了手術之後，把他帶回來再處死他。我一星期都會做好幾次這種夢，但我不太會跟別人提起這件事。我可能會告訴我的妻子關於犯人的有趣故事，而不會說這些不好的事。我把它們都埋藏在心裡。

我沒有什麼嗜好，也不打高爾夫球。我曾經加入健身房，但從來沒有去過。我只喜歡工作。我享受了一陣子退休生活，因為每天都像週六一樣。然而，當我年紀越來越大，我有越來越多空閒時間；空閒時間就意味著東想西想。這樣東想西想使我的酒癮變得更加嚴重。我開始越喝越多，而且在去酒吧之前，白天越來越早服用藥物。這一部分是因為生活枯燥乏味，一部分是為了遺忘。

曾經有段時間，當我閱讀聖經時，我甚至宛如聖壇侍童一般。我漸漸遠離了教會，但仍然保有信仰。在我生病後，吉姆·布拉澤爾會打電話給我，我們花很多時間談論上帝的事，以及我死後會如何。我經常問他：「當你把手放在犯人的膝蓋上時，你能夠感覺到他們的靈魂離開他們的身體嗎？」布拉澤爾說，那時他的感受十分強烈，他向我保證，他可以感覺到犯人的靈魂來到上帝的面前。我目睹了兩百一十九名犯人在輪床上死去，但最困擾我的不是那些我還記得的處決過程，而是已經被我遺忘的部分……。

當我發現賴瑞對錄用我懷抱著罪惡感時，我覺得很難過，因為我完全不怪他。他是一個非常好的人，同時也是監獄體系有史以來最棒的發言人。

我們都曾經是這個奇特小組的成員，沒有人想成為其中的一員。這世界上不太有人知道，目睹過這麼多死刑是什麼感覺。典獄長來來去去；捆綁小組的成員來來去去；靜脈注射小組的成員也來來去去。所有人都來來去去，除了我、賴瑞、布拉澤爾牧師和葛拉澤克以外。不過，就連葛拉澤克也不是一個活躍的組員，因為他當時還在目睹死刑，直到退休前，都不曾談論他對這些事的感受。

當部長問我怎麼走進觀刑室裡看著人們死去時，我心想：「你覺得你無法承受目睹死刑所帶來的震撼嗎？那為什麼你把我派去那裡近三百次，都不會感到不安？」然而，我不能因為這件事生他的氣。我不想讓任何人分擔我的職責，因為我不認為有人可以做得比我更好。我不知道這樣聽起來是否有些自大，但我甚至從來沒有過這種念頭。即便他們能夠提供專業協助，我也會拒絕，因為接受他人的幫助會顯得我很軟弱。在這份工作裡，如果你表現出些許軟弱的樣子，他們就會把你推上火線。

儘管如此，有一天我發現自己目睹了這麼多死刑，卻沒有人可以聽我傾訴。當心理醫生都沒有目睹過死刑，他們要怎麼幫助我？因此，我開始在通勤時錄製語音備忘錄。

我會從我的包包裡找出手機，按下那個紅色的按鈕，接著開始說話。我不知道我要拿這些錄音檔來做什麼，甚至連我為什麼要這麼做都不知道。但我想，這是把我腦中的想法記錄下來的一種方式，就像我的行刑筆記一樣。當我晚上躺在床上，思考著所有我必須做的事，我就得打開燈、把它們寫下來。否則我擔心它們會潛伏在我心裡的某個角落。錄音也是類似的過程。我已經接受自己永遠無法忘記某些目睹過的死刑，但至少我知道它們被整理得好好地，不會日漸增長，然後嚇到我。

”

我以為離開監獄體系會使我想得少一點，但正好相反。我不停地想著這些事。現在我已經離開那裡；這感覺像是我打開了潘朵拉的盒子，再也無法將蓋子闔上。

——節錄自蜜雪兒的語音備忘錄，二〇一二年十一月

第13章

悲傷不是某個人的專利

「如果你來到德州並殺死了某個人，我們也會殺了你。」

——德州喜劇演員羅恩・懷特（Ron White）

「我不戴斯泰森牛仔帽[1]，但我願意跟你打賭，孩子。因為我和你一樣，是個十足的德州人。」

——節錄自泰瑞・艾倫（Terry Allen）的《阿馬利洛公路》（*Amarillo Highway*）

我一直想要正常的生活——一個好丈夫、幾個孩子、一隻狗、一間不錯的房子，以及一份薪水優渥的工作，讓我可以到德州以外的地方旅行。其中某些東西我現在已經有了，其他的則還沒有。我曾經讀到一段話：「人們經常問我：『為什麼你總是選擇艱難的路走？』我回答：『為什麼你覺得我不只看見一條路呢？』」這段話讓我很有共鳴，因為我的人生似乎一直都是如此。並不是我想用困難的方式做事，而是最後就變成了那樣。

在我開始第二段婚姻之前，我忽略了不少警訊，只是自顧自地繼續下去。我又再次只看見艱難的那一條路。就像我在監獄體系的工作，我不期待或希望有人為我感到難過，因為我很清楚實際狀況。

我有很漂亮的女兒、很好的父母親、很棒的弟弟（他和我非常親近），父母親的家人也都很好，但我在某些關係上浪費了太多時間。我的孩子知道如何看透我的心思，我也有一些十分了解我的朋友。然而，我的幾段感情都不長久，這些男人都不了解我和我身上某些奇異古怪的特質。我不太懂這是為什麼，我只想到一種可能，

1 斯泰森是美國經典製造品牌，擁有一百五十年歷史，創辦人約翰・斯泰森（John Stetson）更是公認的牛仔帽鼻祖。

那就是他們沒有特別注意。因為我提供了各種線索，只要他們留心，應該就能察覺。

就拿我的刺青來說吧。我十八歲時刺了生平第一個刺青——在大腳趾上刺了一朵鳶尾花，那時我滴酒未沾，全程都沒有人陪伴。鳶尾花是我大學姊妹會的標誌，但好笑的是，我並不是一個很活躍的成員。我不像許多和我同期的姊妹住在會所裡，我也因為在地方報社工作，錯過了很多次她們的會議，但我可能也是少數把姊妹會標誌刺在身上的成員。

其他刺青包含一隻「邪眼」，這代表我對自身西班牙和希臘血統的認同，同時也可以避邪、阻擋負能量；一個代表「力量」的中文字，以及一顆「火焰之心」，它訴說著某種我熱切深愛的意涵。我還有一個蝴蝶圖案的刺青，它源自於一首小詩，那其實是一首日本藝妓吟唱的詩歌：

我知道她居無定所、四處飄蕩，
但她帶著些許悔意歸來，
面色蒼白，而且極度哀傷。
夜晚的蝴蝶也需要安身休憩的地方。

在我身體的側邊，用哥德體草寫字母刺著「骰子已擲下」[2]這句話。我去刺這個刺青時，是我人生中特別焦慮不安的一段時期；我花了很多時間擔心事情會如何發展。這個刺青在某種程度上提醒我，擔心是沒有用的，因為結局早已註定。在我身體的另一邊，則刺著一個船錨，有個橫幅從中貫穿，上面寫著「母親」的字樣。在我親愛的祖母去世後不久，我去刺了這個刺青。它代表我生命裡所有堅強的母親——我自己的母親、我的祖母和外祖母、我的伯母和嬸嬸（阿姨）、我的堂（表）姊妹，以及下一代——我的女兒、姪女（或外甥女）和堂（表）姊妹的女兒們都非常優秀。這個船錨也代表我來自加爾維斯敦島，是我們這個航海家族的象徵。

我還有兩個黑寡婦圖案的刺青。二〇〇二年，我創立了一個「黑寡婦俱樂部」（這名字有點自我解嘲的意味），這個俱樂部是由一群我認識並深愛的女人所組成，她們都是很堅強的人。她們不是那種痛恨男人或謀殺自己伴侶的女人，就像貝蒂•盧•比茨一樣，但她們都很強悍。這個俱樂部有八名成員，我們全部都有刺青。我

2 「Alea iacta est」這句拉丁文，是古羅馬將領凱撒（Caesar）的名言，意為「骰子已擲下」。西元前四十九年一月十日，凱撒在反覆權衡之後，帶兵渡過盧比孔河（Rubicon），向龐培（Pompey）和元老院宣戰。在渡河前，凱撒說出了這句話，表示破釜沉舟的決心。

喜歡擔任這裡的會長，儘管那是我自己創造出來的職位。

因為我的刺青大多數都沒有露出來，想試圖了解我的人只能看看我手腕上那串纏繞在一起的手環——一個船錨手環（我也送了我父親一個類似的手環，他總是給我許多很受用的建議）；一個寫著「天生反骨」字樣的手環；一個串著小金蛇的編織手環，它其實是一條許願手環（你在戴上它時先許個願，當它自然磨損並斷落時，你的願望就會實現）；一個串著愛心的手環（我母親也戴了一個類似的手環，她總是在我心情低落時竭盡所能地鼓勵我）；一個銀製熊爪手環（我弟弟也戴了一個類似的手環，他十分忠誠，同時也是我最好的朋友）；一個銀色十字架手環（這是我女兒送給我的禮物）；一串各種顏色搭配的邪眼手環，以及一個銀製手環，上面印有「我明天會再試一次」的字樣。

這些線索並非埋藏在深處，但它們也許是問題的一部分。有時候，我會擔心自己太過頭了——太誠實、太深奧、情感太豐富、太有愛心、太在意看起來是否堅強。然而，我不知道我還能怎麼做。如果我沒有在當下表達自己的感受，那就不是我了。這樣的我會永遠幸福快樂嗎？或者那根本不可能發生？不過，除了那件令我異常懊悔的事以外（在《今日秀》那段專訪裡，我感覺像是個反應遲鈍的鄉巴佬），我不會做出任何改變。因為我所做的每個決定都造就了我的現在；我很快樂滿足。

過去這些年，若是我沒有在監獄體系工作，我的內心或許會比較平靜，但我就不會獲得現在這份美好的工作、和很棒的人一起共事、到倫敦旅行，而不是在德州荒郊野外、酷熱難耐的監獄裡，與強暴犯和嬰兒殺手見面。我的女兒可能也不會出現，她是我這一生中最重要的禮物。

至少我很清楚，我對我的女兒感到非常自豪。我其實不必擔心，當她還在我的肚子裡時，那些黑暗的事物會對她造成不好的影響（那時我會聆聽死刑犯的遺言——他們的憤怒、絕望和恐懼）。她心地善良，而且十分幽默開朗。我想，這是身為父母親最希望看到的；希望孩子在各方面都比自己更好。當時我們正乘船旅行，我看著她和一個孤伶伶的孩子攀談。她把他帶進自己的朋友圈裡，很快地，他們就像認識很久的朋友一樣奔跑嬉戲。她不會預先設限或評斷他人，而是欣然接納每個人原本的樣子。這讓我非常驕傲。

然而，我的女兒也突顯了那些走進觀刑室的女人有何感受——有些人看著她們的兒子死去，另一些人則看著殺死自己孩子的兇手慢慢地睡去。我殷切期盼她未來的人生發展，而這些死刑犯的母親卻看著他們的人生畫下句點。所有她們對孩子懷抱著的希望和渴望，都在眼前灰飛煙滅。我確信，她們會很不理性地質疑他們犯下的過錯。

如果來到我家，你會看到屋子裡擺了許多十字架、骷髏頭和聖人娃娃，有些人或許會覺得這很恐怖。當我在以色列領事館工作時，一位同事帶他兒子來我家，並且說：「這個女人過去在監獄體系工作。」他要我拿我桌子上的每一樣收藏品給他們看，其中包含一把拆信刀和那些用壓實的衛生紙做成的小骰子。和我剛加入監獄體系時一樣，我還是覺得犯罪案件很吸引人。對我來說，週日最應該觀賞的節目是《日界線》（*Dateline*）和《四十八小時》（*48 Hours*），也許在我女兒上床睡覺之後，再加上一個和鬼魂、超自然有關的節目。即便我會思考一些陰暗怪誕的事，我也不會帶給別人這樣的印象。

有時候，當我置身擁擠的酒吧，我會四處張望並想著：「你知道的，根據統計，這裡可能有人曾經殺過人。」或者我會看著某個人，然後心想：「嗯，他看起來像個性侵犯。」就是會有人使我起疑心。在監獄體系工作，也讓我對人更加小心謹慎。當記者在訪問竊盜和搶劫犯時，我會坐在旁邊聽，因此得知各種小祕密。曾經有個很有趣的傢伙說，如果他路過你家時車庫門是開著的，他一定會帶走某樣東西，無論那是一組高爾夫球具、一台割草機、一個工具箱，還是一包木炭。

我不怕去任何地方，但我經常留意自己的背後，並且把門鎖上。當我抵達停車場時，你不會看到我在包包裡翻找我的車鑰匙，因為它們已經在我手上了。我發現我新車的後車廂內有緊急逃生開關，這使我放心不少。幸好我的手很小、手腕很細，所以就算我被戴上手銬，我或許也可以掙脫它們。我不想讓我的女兒變得神經質或不敢離開家，但我可能比一般母親更常想到綁架和非法性交易的問題；我希望她能小心一點。然而，這兩者只有一線之隔。

當我在觀賞犯罪紀錄片時，她會在網路上查詢連續殺人犯的相關資料，接著說：「媽媽，你看這個人！他殺了二十個人！」這樣是正常的嗎？也許不。但我希望她明白，有些人看起來很和善，不代表他們真的很友善。這世界上有太多做壞事的人，因為我過去在監獄體系工作，我十分清楚他們會做出什麼壞事來。

二〇一六年一月六日，我和我的丈夫正在看電視。當時，他說了某些好笑的事，讓我笑到上氣不接下氣。大約兩分鐘之後，我的手機響了，是我丈夫的大女兒蕾西（Lacey）打來的。但因為那個節目我們剛好看到一半，而且笑得正開心，我決定無視這通電話，晚點再回電給她。約莫一分鐘後，我收到這樣一則簡訊：「可以拜託你接電話嗎？克莉絲汀（Kristine）死了。」克莉絲汀是我丈夫最小的女兒。我的腸胃頓時糾結在一起。我想，也許蕾西是因為找不到她妹妹，所以把事情想到最糟。

我問我丈夫「你的手機在哪裡」，他說在臥房裡充電。他問我為什麼要問，我就把簡訊讀給他聽。他衝進臥房，抓起他的手機打給蕾西，然後我聽到的都是她的哭喊聲，我才知道一切都是真的。

很快地，一名來自休士頓的十七歲女孩在洛杉磯的停車場被人開槍打死的消息，在推特上廣為流傳。人們張貼這名女孩的照片，而她六個月前才在我家慶祝她的生日。我曾經是報導過那麼多命案的記者，還目睹過兩百八十個人被處死，現在我也成了故事的一部分，而且幾乎是從頭開始看起。我和克莉絲汀並不是特別熟，也不常在她身邊，因為她大約一年前才重新回到我丈夫的生命裡。即便如此，我依然深受影響。作為父母親最害怕的事在我面前上演；看著我的丈夫承受那些痛苦的折磨，我同樣感到心碎悲痛。

在蕾西的男朋友參與的一次毒品交易失敗後，克莉絲汀在瑪瑞娜戴爾瑞（Marina del Rey）被一個毒販朝臉部開槍。我知道法院不會把死刑納入考慮，因為加州在二〇〇六年之後，就沒有再處決過任何人。然而，我的丈夫拚命爭取這樣的機會，他和克莉絲汀的母親只希望那位兇手被判處死刑，這是他們唯一能接受的結果，要試著讓他接受這根本不可能發生，必須耗費極大的力氣。

二〇一七年七月，殺死克莉絲汀的兇手被判處無期徒刑，且不得假釋。我早就知道會有這種結果，但還是對這樣的司法不公感到憤怒。只有上帝知道我丈夫的感受。多年來，我時常在聚會上和人們爭論死刑的議題；對這些人而言，死刑是一種抽象的概念。若是我在監獄體系工作時，就認為它是一個具體的問題，我的繼女被殺害，只是使我的立場變得更加堅定而已。雖然在我目睹過的死刑當中，有些犯人我覺得不應該被處死，有些我希望自己沒有看過，我仍舊堅持，在某些狀況下，死刑是對奪走他人生命的人一種適當的懲罰。

如果有人敢站出來跟我說，為何死刑是不對的，他們就必須聽我說明，為什麼我認為他們是錯的。若是他們十七歲的女兒被朝臉部開槍並殺害，當他們知道殺死她的兇手不會被處決時，會有什麼反應？我從親身經歷得知，這令人難以忍受。

當我以為一切都處理妥當時，我就會突然發現自己因為沒有什麼殺傷力的東西哭泣。我去看《東方快車謀殺案》（*Murder on the Orient Express*）——在阿嘉莎．克莉絲蒂（Agatha Christie）的小說裡，這是我最喜歡的故事之一，然後在電影院裡哭了起來。到底有誰會在看阿嘉莎．克莉絲蒂的電影時哭泣？我從這部電影中領悟到，有時一起謀殺案會摧毀被害人周遭的一切，即便實際上死去的只有一個人，他也可能不是唯一死去的人。

我的繼女被殺害就是如此，因為我的丈夫從未復原。我非常愛他，但他已經變成截然不同的人。在克莉絲汀去世後不久，我發現他嚴重藥物成癮，我不能容許這種事出現在家裡。我們很快就離婚了，此後我再也沒有見過他。

在我看完《東方快車謀殺案》回家之後，我打開我的筆電，開始寫信給那位開槍打死我前夫女兒的兇手。我想讓他知道，為了那些該死的大麻，他不僅殺死了她，也殺死了我丈夫的靈魂。最後我沒有把信寫完，更不用說寄出去了，因為我不知道他是否在乎。

大約就是這個時候，我在臉書上收到一則訊息，那是一名死刑犯的朋友寄來的。我不太記得該名犯人的事，為了喚醒我的記憶，我必須把他的資料從我辦公室的文件櫃裡找出來。他因為一九九二年在休士頓劫持被害人的車並將他殺死，被判處死刑。當時，這名犯人十九歲。新聞報導引述被害人女兒的話，說那一天她同時失去了父母親，因為她的母親陷入重度憂鬱，再也走不出來。然而，這則訊息提醒了我，該名犯人的死也改變了他家人和朋友的人生。這些人沒有犯罪，卻也被嚴格審視、評斷，彷彿他們也有罪一樣。接著，他們的親友就被處死了。

她的訊息如下：

我寫這封信給你，希望你可以幫助我找回內心的平靜。我相信你曾經目睹過他被處決。我從十二歲時就認識他了，他就像是我的家人。我只是想知道，他很快就離開，而且沒有受苦。我現在和過去一樣愛他。希望你會回覆我。他的名字是威利・馬塞爾・夏儂（Willie Marcel Shannon），監獄編號九九九〇八六。他在二〇〇六年十一月八日被處死。如果你沒有回覆，我也能理解。謝謝你，也願上帝祝福你。

我回信給這位夏儂的老朋友，並且告訴她，他很快就死去，沒有受苦。事實上，這些年來，我跟很多人都這麼說過——他看起來就像睡著了一樣。我也告訴她，他在輪床上笑著說，當他在天堂裡遇見被害人時，他會請求他原諒，而他也會在那裡等著和他的母親團聚。夏儂不害怕死亡，他的信仰十分堅定。我不知道我這樣回覆是否太輕描淡寫，或者能否為她帶來平靜或安慰，但這麼做似乎是對的。悲傷不是某個人的專利。

若是我的立場曾經偏向反對死刑，我的繼女被殺害又再次讓我改觀。但有徵兆顯示，德州開始不再那麼偏好死刑。哈里斯郡（包含休士頓這個全美人口第四多的城市）過去被稱為「死刑之都」，他們從一九七六年恢復死刑以來，總共判了一百二十六名犯人死刑。然而在二〇一七年，哈里斯郡首次（自一九八五年以來）沒有處決任何死刑犯。此外，他們也已經連續三年沒有判任何人死刑。二〇一七年，在亨茨維爾執行了七次死刑（二〇一六年也是如此），比起二〇〇〇年的四十次，大幅減少。

死刑執行次數降低的原因有：從二〇〇五年起，開始採用「無期徒刑且不得假釋」這種刑罰；改革派地方檢察官和檢察官；比較好的辯護律師；陪審員比過去更通情達理，他們會視情況從輕量刑，像是童年受虐或患有精神疾病等；有些人認為死刑不可能遏止犯罪，因為殘暴的犯罪案件依然層出不窮；近來有許多犯人因為DNA鑑定結果而被無罪釋放；其他州在執行死刑時發生失誤；執行死刑所需的藥物取得困難；極力要求執行死刑必須支出龐大的費用，以及有越來越多人覺得，死刑應該拿來處死那些壞到不能再壞的人就好。

不過，雖然一份二〇一七年的蓋洛普民意調查指出，美國全國民眾支持死刑的比率已經下降至百分之五十五，是四十五年來的最低點（一九九四年曾經高達百分之八十），二〇一三年在德州進行的最後一次大型民調顯示，仍舊有廣大群眾支持死刑（百分之七十四）。只要德州有這麼多瘋狂的人犯下瘋狂的罪行，就不會有德州的政治人物提出廢除死刑的政見，至少想贏得選舉的人都不會做這種事。罪與罰在德州是件大事；德州有一套自己的做法，不太在意其他人怎麼想。如同有句俗諺說：「德州根本就像是另一個國家。」

”

我支持死刑。我相信某些罪行實在令人髮指，你只能用自己的生命來償還。但在其他狀況下，我感到非常困惑。在我目睹過的死刑當中，有些人我覺得不應該被處決。但我可以這麼想，是因為他們沒有奪走我任何東西。

——節錄自蜜雪兒的語音備忘錄，二〇一二年十一月

也許我參與了太多我不該參與的事。也許我無法和陰暗、罪惡如此靠近，又不受它們影響。也許我永遠無法逃離我目睹過的一切。過去我常想，在我死後，我希望他們播放年輕歲月（Green Day）的〈甩掉包袱〉（*Good Riddance*），因為我很喜歡這首歌的歌詞，以及其中傳達的訊息。我覺得把它們印在葬禮節目單上會很有趣。

但有一天在通勤時，我從收音機裡聽到伊娃・凱西蒂（Eva Cassidy）的〈歌唱的鳥兒〉（*Songbird*），我發現這才是我想要在自己葬禮上播放的歌曲。

然而，你知道令我難過的地方是什麼嗎？這首歌裡有句歌詞是「鳥兒不停地歌唱，彷彿牠們對旋律（score）十分熟悉」，我反覆聽了上百次。但我這才意識到，「score」這個字指的是旋律，我卻一直把它當作「人生這場比賽的得分」——和全世界對抗所得到的總分。為什麼我會這麼想？為什麼我以為自己聽到的是這樣？為什麼我如此害怕，全世界都在不斷地得分，而我終究會輸掉這場比賽？我邊聽邊哭，因為我希望人們明白，我拚命要把事情做對，不要造成任何傷害。我第一次覺得自己不會活很久，我會在年輕時死去，留下許多沒有完成的事和無法挽回的錯誤。突然間，我看見了人生的終點。

當我年紀較輕時，我以為看著人們死去不會帶給我持續性的影響。過去我不覺得生命會改變，但其實人是不停成長的；某一天你對某件事有某種感覺，不代表你永遠都這麼覺得。雖然那位《滾石雜誌》的記者錯了，但在某種程度上，他也是對的——儘管當年我沒有，最後我還是目睹了太多次死刑。我不知道是因為我很堅強，才能做這件事做這麼久，還是我很軟弱，所以一直懷抱著這些情緒。或許兩者皆是。

有時我會想，比起試圖把這些想法整理好，公開談論它們可能是比較好的做法。

在我開始寫這本書之前，我不太清楚自己為什麼要這麼做。但也許我只是努力想使自己對目睹過的一切不再敏感。有首歌是我和我丈夫共同的回憶，我非常喜歡這首歌。當我們分開時，我不想就此將它束之高閣。因此，在他離開後，我一次又一次地聽著這首歌，好讓自己不再有過多的情緒。最後，我經常聽這首歌，它已經不再代表什麼。它只是我很喜歡的一首歌而已。或許這本書也可以達到類似的目的。

第14章

彷彿沒有了陽光

「但我已年老，人生苦樂參半，全部交織在一塊兒。我坐著說：
『這世界就是這樣，有智慧的人都懂得看開。』」

——節錄自桃樂絲．帕克《老兵》（*The Veteran*）

賴瑞能夠成為如此優秀的新聞室官員，其中一個原因是，他可以在巨大壓力下表現出色，即使周遭一片混亂，他也能沉著冷靜地面對。因此，當他在二〇一六年秋天生病時，他也只是輕描淡寫地帶過。這並不令人感到意外。他只告訴我，他覺得不太舒服、決定要戒酒，而且正在進行一些血液檢查。沒有什麼驚人的事，除了戒酒這一點以外。

結果，是他的妻子瑪麗安把實情告訴我。長年酒精成癮讓賴瑞嘗到了苦頭，他的肝臟逐漸失去功能，最後將奪走他的生命。唯有肝臟移植可以阻止這一切發生，但他覺得應該把肝臟移植留給更年輕、更值得幫助的人。賴瑞的父親在他還是個孩子時就死了，所以我不認為他覺得自己能活那麼久。幸好他的體質跟他母親很像，可以享受美好的生活。

有些人在你的生命中佔有一席之地，你從來沒有想過，萬一他們發生不測，你會怎麼辦。我對賴瑞就是如此。我不知道要怎麼面對失去他這件事，因為他一直看起來非常健康。我無法想像沒有他的世界會是如何，我也竭盡所能地不要這麼做。我一如往常地生活，偶爾打電話或傳一些有趣的簡訊給他。多年來，他總是開玩笑說，他的肝臟看起來可能像煙燻牡蠣一樣，現在我都會立刻提醒他，他始終都是對的。

當瑪麗安告訴我，他在醫院裡要求各種稀奇古怪的食物時，我傳了封訊息提醒他，他不是被關在死囚室裡，因此不需要點十二個荷包蛋、三片豬排、一杯冰淇淋和一個起司漢堡。他曾經在一則簡訊裡告訴我，他應該要「吸大麻、不喝酒」；這聽起來像是不錯的鄉村音樂專輯名稱。

他必須賣掉他的日系改裝車，似乎令他有點不開心。不過，他對這本書感到興奮不已，深怕遺漏任何一個精彩的故事。他甚至建議了一個書名——「沒有死刑的日子彷彿沒有了陽光」。這當然是一種諷刺。他甚至還有力氣想戳德州刑事司法部幾下，他跟我說，他希望自己可以活著看到傑森・克拉克丟掉飯碗，然後「被迫到四十五號州際公路上撿拾『貴重』的金屬罐頭」。

這段時間，賴瑞的身體越來越虛弱，但我並不知情。他偶爾會說他不太舒服，但還是只有瑪麗安才能多做說明。二〇一七年三月，我到賴瑞位於奧斯汀的住處看他。他瘦了好多，乾枯的身體被一件過大的法蘭絨襯衫包裹著。他太虛弱、無法自己四處走動，只能坐在輪椅上。過去他的聲音十分宏亮，現在卻只剩下呢喃細語。我們花了幾個小時談論死刑的事，同時我也把他的想法和回憶都記錄下來。在這整段過程裡，時鐘不停地往前走，終於來到我最害怕的時刻。當我必須向他道別時，我知道這很可能是我們最後一次見面了。

那天我一直努力不哭，直到我站起身來準備離開。當我彎下腰給他一個擁抱時，我再也忍不住了。當我靠在他的肩膀上啜泣時，他只跟我說：「你一直都是個好孩子。」然後，我就離開了。我們比以前更常傳簡訊，但每一則訊息之間的間隔卻越來越長。最後，他完全不再回覆。他又多活了幾個月，但大多數時間都在睡覺，直到他在六月去世。

賴瑞的追思儀式在一個炎熱的週五下午舉行，地點在奧斯汀近郊的社區活動中心。我和瑪麗安的幾個朋友安排了一個招待會，很多人都前來參加，享用各種美味菜餚和甜點，當然還有葡萄酒和啤酒。這是一場輕鬆的活動，正好符合賴瑞的期望。瑪麗安和他們的兩個孩子——凱莉和凱文，與老朋友和同事歡聚一堂，還有幾名記者不顧截稿時間，跑來向賴瑞致敬。接著就是大家分享故事的時候了。

賴瑞還是單身漢時的一位室友告訴我們，因為賴瑞做了各種蠢事，害他們被四、五間公寓的房東趕出去。有一次，走廊的另一頭有幾個可愛的女孩邀他一起出去喝酒。那時，他正在放洗澡水。等他回來時，發現他們溼透的物品全都散落在門前的草坪上，還附帶了一張搬遷通知。接下來，輪到我說了。我告訴他們，賴瑞曾經帶我從一群光溜溜的犯人中間走過；他曾經要我吃懲罰麵包；他會叫我「小賴瑞」，以及他常取笑我字彙量嚴重不足。正當我準備收尾時，我的聲音開始顫抖，就像最終我要和賴瑞分別時一樣。我不知道要怎麼跟他說再見。不過，我最後說：「再也不會有和他一樣的人了。」這是千真萬確的事。

當追思儀式結束時，我們在監獄體系工作時的一個老同事拿出一小瓶蘇格蘭威士忌（那是賴瑞最喜歡的品牌之一），幫所有人都倒了一小杯。我們為我們的好朋友乾杯，然後就到了各自回家的時候。我的父親做了一個很棒的總結，他以經典美國電影《謀殺綠腳趾》（*The Big Lebowski*）裡一句著名的台詞（他和賴瑞都很喜歡這句台詞），來比喻費茲傑羅的死——「知道他在那裡是件很棒的事。」我們對賴瑞的感受都是如此。知道他在那裡是件很棒的事，知道他已經不在了則叫人悲傷。

賴瑞．費茲傑羅的訃聞

——賴瑞．費茲傑羅

賴瑞．費茲傑羅，一九三七年十月十二日生於德州奧斯汀，二〇一七年六月十二日去世。

賴瑞畢業於奧斯汀的麥卡倫高中（McCallum High School）和德州大學。他曾經在德州的許多電台工作，擔任新聞記者、採訪人員和新聞部主任。之後，他在德州律師公會擔任公關主任。他也曾經報導比爾．霍比副州長和安．理查茲州長的競選活動。

賴瑞最為人熟知的，應該是他在德州亨茨維爾的德州刑事司法部（自由世界最大的古拉格）擔任新聞室官員的時候。這段期間，賴瑞目睹了兩百一十九次死刑，並且得以會見許多德州當地、全國性和國際媒體。真是了不起。他贏得了一些獎項，其中有些是他應得的，有些則不是。他有定期捐血的習慣，人們常說他的血型非常罕見——只有這種血型可以讓其他人也變成酒鬼。他曾經在送餐到家協會（Meals on Wheels）和布拉克博物館（Bullock Museum）擔任志工，同時也榮獲KUT廣播電台的年度最佳志工。

在賴瑞正式從德州刑事司法部退休後，他被聘請擔任專業證人，在量刑階段代表被告和辯護律師出庭。他在三十多起一級謀殺案的審判中出庭，其中有些成功了，有些則失敗了。

賴瑞離開德州刑事司法部之後，他依然在州政府服務。賴瑞曾經在德州緊急事務管理局（Texas Division of Emergency Management，簡稱TDEM）工作，為洪水、火災和颶風等災害應變措施提供建議。二〇〇五至二〇一三年的立法會期期間，他在德州參議院祕書處（Texas Secretary of the Senate）服務，他也很喜歡這份工作。此外，他還曾經在德州商務部（現已裁撤）指揮外景拍攝，極力吸引大導演們在德州拍攝他們的作品。這是一份有趣的工作，讓他有機會走遍德州這個他深愛的地方。

賴瑞先去世了，留下他長年忍受煎熬的妻子瑪麗安・庫克・費茲傑羅（Marianne Cook Fitzgerald），他總是親暱地把她稱作他的「少女新娘」〔Child Bride〕），還有他的女兒凱莉・安妮・費茲傑羅（Kelly Anne Fitzgerald），他的兒子凱文・雷恩・費茲傑羅（Kevin Lane Fitzgerald）和妻子洛琳・費茲傑羅（Lorraine Fitzgerald）。他們全都來自奧斯汀。他也留下作為救助犬的牧羊犬查理，牠帶給他安慰，同時也是他的旅伴。

賴瑞追隨他的父親克萊德・傑克森・費茲傑羅（Clyde Jackson Fitzgerald，他來自聖馬科斯〔San Marcos〕），以及他親愛的母親桃樂絲・提爾曼・費茲傑羅（Dorothy Tillman Fitzgerald，她來自史密斯維爾〔Smithville〕）的腳步離開人世。

賴瑞生前勤奮地工作，他支持了肯塔基州、愛爾蘭、英格蘭、蘇格蘭和墨西哥的經濟。他從來沒有遇過不喜歡的酒保，這就是為什麼他的肝臟看起來像煙燻牡蠣一樣。他確實遵守自己許下的承諾——絕不投票給共和黨，這令他很自豪。

結語

記得他是我的職責？

在我第二次離婚後，我去把駕照上的名字改回我的娘家姓。我用工整有力的字跡填寫所有文件，並且在緊急聯絡人的欄位填上我父母親的名字。我是一個四十一歲的單親媽媽、離過兩次婚，如果我在車禍中死去，他們會通知我的父母親，因為沒有其他人能幫我安排後事或替我感到悲傷。當他們叫到我的號碼時，我跟櫃台的承辦小姐開玩笑說，我非常開心自己離婚了，這樣我就可以為駕照換一張新照片。接下來，我坐在我的車子裡哭泣，因為我突然覺得異常孤單。

害怕被人遺忘的恐懼仍舊埋藏在我的內心深處。這麼多年來，高中時期那位令我傷心欲絕的十六歲男孩使我確信，我是可以輕易被拋棄的。他很快就拋下我、繼續前行。不過，當我回憶起我曾經有過的幾段重要關係時，我發現事實絕非如此。我不曾立刻被遺忘，我和那些人也從未一刀兩斷；他們總是試圖要回到我身邊，沒有人不曾希望我再給他們一次機會。他們都想和我至少維持某種程度的關係。

最近，我以前的一個男朋友說，他有時會想起我在開車時搖下車窗，跟著收音機播放的某首歌一起唱。我完全不記得這件事，但這是我留存在他心裡的印象，讓我很開心。然後我終於明白，那位男孩只是寂寞難耐，想要和一個女孩，任何女孩一起度過那個夏天。我卻誤以為，是我不重要或容易被遺忘。過去那個少女天真而敏感，是我讓她心中的誤解扭曲我的世界，並滲透我的人生。為什麼我要在意某個人是否記得我？我開始告訴自己：「你知道嗎？你把一切安排得井然有序，你也為人們提供了很多幫助。如果他們使你難過，並且忘了你，那是他們的問題。」

「是該好好審視，然後繼續往前走了。」

一百五十多年來，許多德州的犯人都被埋葬在佩克伍德山。這裡在天氣晴朗的夏天，是個平靜祥和的地方，天候不佳時則有點令人毛骨悚然。此地紀念著眾多被遺棄的生命，他們確實已經被遺忘。你不會在佩克伍德山的墳墓上看到很多花。若是你在亨茨維爾的監獄裡死去，而且沒有人想要認領你的遺體時，你就有可能被埋在這裡。數百名死去的男性和女性躺在沒有名字的十字架底下，沒有人在乎他們是否曾經存在過，更不用說在他們死去時陪在身旁。

如今，若你是一般犯人，他們會給你一座由其他犯人製作的墓碑，上面簡單地寫著你的名字和死亡日期。直到最近，如果你是被處死的，你的墓碑上則會寫著你的死亡日期、監獄編號，以及一個字母「X」——它將永遠標記著你的可怕罪行。若你是在今天被處決的，上面至少會有你的名字。

然而，沒有任何一座墓碑記錄這些犯人何時出生、在哪裡死去，或是他們一開始為什麼會被關進監獄裡。如果你是一位詐欺犯或汽車竊賊，你可能會被埋在強暴犯或嬰兒殺手的旁邊。我最近一次造訪這裡時，我注意到提爾曼・西蒙斯（Tillman Simmons）的墓碑，上面的資訊告訴我，他在一九二七年九月二十六日被以電椅處死。我從Goolge得知，一九二四年八月二十日，他在比爾郡殺死一位名叫法蘭克・尤斯瑞（Frank Usry）的男性，因此被判處死刑。只不過，開槍打死尤斯瑞的不是西蒙斯，而是他的同夥馬修・布里斯科（Matthew Briscoe）。如果換作是我，我會判西蒙斯死刑嗎？也許不會。

距離西蒙斯不遠處，是喬治・哈塞爾（George Hassell）的墳墓。一九二六年十二月五日晚上，他用一支鐵鎚、一把剃刀、幾雙長襪、一把斧頭和一支獵槍，殺死他的妻子和八個孩子。一九二八年二月十日，他被以「老史帕奇」處決。我會說，他已經在地獄裡腐爛。距離西蒙斯約五十碼處，是湯瑪斯・梅森的墳墓（他就是讓我想起我祖父的那個男人）。當梅森被逮捕時，他笑著說：「我不知道還有什麼比擺脫我岳母更不得了的事了。」我想，他或許是罪有應得。

和梅森相隔幾排處，是史賓賽・古德曼的落腳地。他長得像我兒時的一個朋友。靠近路的那一側則是肯尼斯・麥德夫的墳墓。埋在他旁邊的那個傢伙墓碑上沒有名字，我對他可憐的靈魂深表同情。

我能夠在幾秒鐘內查到提爾曼・西蒙斯犯下的罪行，卻不記得我目睹過的某些死刑。這令我很困擾。這代表什麼？我已經把這些人忘了是正常的嗎？或許我有哪裡不對勁，又或許這是預料中的結果，因為人數實在是太多了。我告訴人們說，我目睹了兩百八十個人被處決，但其實我並不是那麼清楚。確切數字可能是兩百七十八，也可能是兩百八十三。不過，如果你是一名記者，你不會記得所有你採訪過的人；如果你是一名外科醫生，你也不會記得所有你動過手術的病人。

他們都在那裡，在我辦公室的紅色大文件櫃裡。然而，有時即便我把檔案找出來，讀完我自己手寫的筆記和所有附帶文件，還是想不起曾經看著他們死去。那天我從佩克伍德山上回來之後，為了弄清楚幾件事，我打開那個快被塞爆的文件櫃。拿破崙在大頭照裡看起來茫然、懊悔。但這也許只是我一廂情願的想法，因為蓋瑞・葛拉罕看起來也沒有太大的不同。事實上，你可以說，死刑犯的大頭照多半都有種「萬念俱灰」的感覺。這張照片被拍下的那一天，就是死亡的開始。一切都結束了，至少對任何值得延續下去的生命都是如此。

我發現，我最後一次目睹的死刑並不是喬治・里瓦斯（我一直這麼認為），而是一個名叫基斯・瑟蒙德（Keith Thurmond）的傢伙。我對他一點印象都沒有。從這一點就可以看出，那時我有多崩潰，我甚至沒有留下任何記憶，也不曾在意它們消失不見。在得知妻子和她的男朋友在對街同居後，瑟蒙德出於嫉妒殺死了他們。

儘管所有證據都指向他，他還是在輪床上憤怒地說自己是無辜的。根據我的筆記，我在觀刑室裡聽到的遺言是：「開始吧，然後讓這一切結束……你可以嘗到它的味道。」

至於那個我不記得名字和罪行的男人，他的臉卻深深地烙印在我的腦海裡。他究竟在哪裡？我依然可以看到他雙眼死盯著天花板瞧，接著一滴眼淚從他的臉頰滑落。我仍舊能夠看見當時的觀刑室，裡面沒有任何一個他認識的人。但我還是想不起他是誰。或許他理應如此孤單且被人遺忘。又或許記得他是我的職責。

我開始翻找他的檔案，撇除那些最瘋狂邪惡、最惡名昭彰、曾經寫信給我、因為聰明才智使我深感興趣，以及讓我大笑的犯人。然後，我找到他了——卡魯瑟斯・「格斯」・亞歷山大（Caruthers 'Gus' Alexander）。他在大頭照裡看起來還很年輕，但輪廓同樣清晰。我文件櫃裡的資料都是按照字母順序排列的，而他就在第二個檔案夾裡；我原本可以省去許多翻找的時間。

一九八一年四月二十三日凌晨，亞歷山大和一位夜店女服務生的車相撞（那位女服務生名叫洛莉・布魯奇〔Lori Bruch〕）。檢方說他引誘她下車、將她綑綁起來，強暴並勒死她。隔天早上，兩個孩子在滿溢雨水的水溝裡發現布魯奇裸露的遺體。她有一名兩歲的兒子。在 DNA 鑑定證實亞歷山大有罪之前，他被關在死囚室裡十八年。他說鑑定結果根本是「胡說八道」。

根據他律師的說法，他聰明伶俐、滿懷善意、討人喜歡，不太可能再次犯罪。他在二〇〇一年一月二十九日被處死。一篇《亨茲維爾簡報》的剪報（那是我寫的一篇文章）中說，布魯奇的家人目睹了他被處決，但我不記得他們有在觀刑室裡。這使我感到十分困擾。不過，的確沒有人為了亞歷山大前來。

當亞歷山大被逮捕時，他有一位普通法上的妻子[1]和兩名繼子；當他被處死時，他們應該都已經成年了。我不知道他們是否忘了他並展開新生活，還是亞歷山大叫他們不要來。我不知道在佩克伍德山上，我是否曾經和他乏人問津的小墓碑擦身而過。我不知道他被處決，是否有讓任何事變得更好。他的死是否為被害人家屬帶來平靜？它是否令某個人有獲勝的感覺？又或者拿破崙・比茲利是對的——我們全都成了受害者？

1 普通法婚姻又稱為事實婚姻、非正式婚姻，是指在部分司法管轄區，一對夫妻無需正式註冊民事或宗教婚姻，只要具備實質婚姻關係，例如同居超過一段時間，法律上依然承認其婚姻有效。

由德州刑事司法部提供

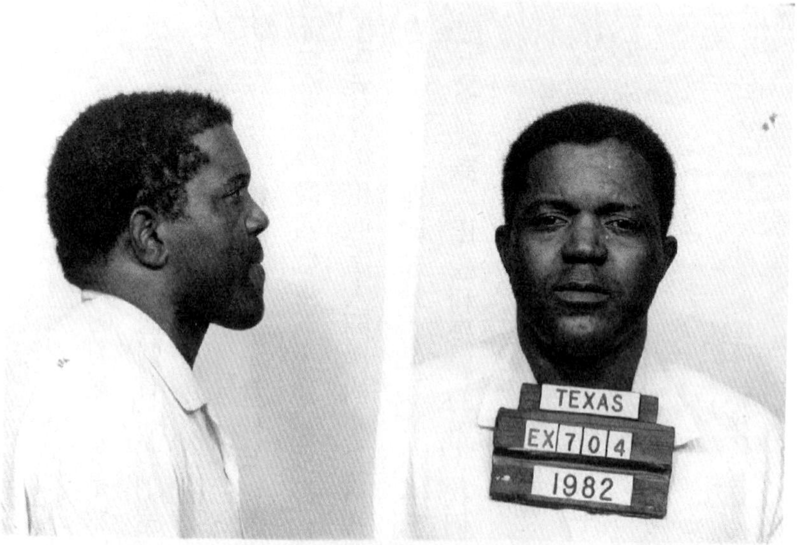

▲卡魯瑟斯・「格斯」・亞歷山大的監獄大頭照

致謝辭

在我剛離開德州刑事司法部時，我處於一種悲傷的狀態——對發生在我身上的事、我是誰，以及我將會變得如何感到困惑。伴隨這樣的哀傷，所有我目睹過的一切突然炸裂並從四面八方襲來，讓我不知道該如何是好。我只知道我必須試著重整旗鼓，這樣我才能度過難關，然後繼續往前走。

我要提一下我的摯友潘蜜拉・科洛夫（Pamela Colloff），那時她是一位獲獎的《德州月刊》（*Texas Monthly*）記者。潘才華洋溢；當她為了她正在蒐集資訊的另一篇報導和我談話時，我跟她提起，我對自己目睹過的那些死刑有什麼想法——所有在我腦海裡不斷浮現的畫面和場景，以及多年來，同樣的事如何發生在賴瑞身上。當潘提議把這些事寫成一篇報導時，我知道我也許有機會可以把腦中盤根錯節的思緒，整理成某種有意義的形式。

我們花了很多時間聊天，聊天的內容最後變成《德州月刊》二〇一四年九月號上，一篇名為〈見證人〉的文章。潘把我們的故事化為文字，我將永遠心存感激。光是把這些故事大聲地說出來，對我和賴瑞而言，都是一種很好的宣洩。當我說出

「我們都非常愛你」這句話時，我知道我是為了我們兩個人而說的。

二〇一六年二月，艾德・漢考克斯為BBC執導並製作了一部精彩的短片，這部短片以親愛的賴瑞・費茲傑羅為主題，片名是《目睹了兩百一十九次死刑的男人》。一個名叫尼克・沃爾特斯（Nick Walters）的男人看了這部影片；他是大衛・拉克斯頓聯營公司（David Luxton Associates）一名出色的作家經紀人，我很喜歡他。尼克在看完BBC的這部記錄片後，他發現了我們在《德州月刊》上的那篇文章，然後找到了我。

他先向我自我介紹，接著問了我這個不可思議的問題——「你有想過要寫一本書嗎？」其餘的事現在都已經不重要了。尼克，謝謝你有這樣的眼光，並且為了我和賴瑞不辭辛苦地工作。你是我們的支持者，如果沒有你，根本不會有這本書的誕生。

謝謝閃耀出版（Blink Publishing）非常棒的主編凱莉・艾利斯（Kelly Ellis）和編輯貝絲・艾農（Beth Eynon）。你們都為了這本書投注了大量心力，我總是被你們的熱忱感染。我一直覺得你們很可靠且值得信賴；謝謝你們讓這本書變成了可能，同時如此細心地照顧我們的需求。

再來是幫我代筆的寫手班傑明・迪爾斯（Benjamin Dirs）。你負責的是最困難的工作之一，因為你必須把數小時的訪談記錄下來，而我說話的速度是其他美國人的兩倍快。我們一起喝了很多酒，在無數笑聲中，我們建立起深厚的友誼，我確信它將會持續一輩子。

我們的足跡遍及鱷魚農場、苦艾酒吧、西班牙餐酒館、露天啤酒屋、巫毒商店，還有某些很少人知道的隱密酒吧；我們共同經歷了一些很棒的冒險。當你想念我時，就放點葛倫・坎伯（Glen Campbell）的歌來聽，然後想起我每次玩拼字遊戲時都會打敗你。謝謝你對這本書的努力——我知道你已經付出了所有。

給我的父母親——你們始終是我構築人生的根基。我一直寫不出這段話，因為對於兩個給予我一切的人，究竟要如何找到適當的字詞來感謝？每當我心碎時，你們總是能使我重新復原；每當事情進展順利時，我也總是看到你們為我加油打氣。我對你們的愛和感謝無法言喻；謝謝你們給予我、教導我的一切，也謝謝你們給我的愛。我知道，我會成為今天這樣的人全都是因為你們……除了那些咒罵以外——那是我自己的問題。我非常愛你們。

給我的弟弟，我最好的朋友——你一直是我的「DSD1」（如果你們不知道這代表什麼意思也無妨，因為它對你們沒有意義）。你總是知道我何時需要鞭策——你從來不會讓我為自己難過太久。我一直都知道，你比任何人更以我為傲；我希望你明白，我也比任何人更以你為榮。沒有人能像你這樣讓我大笑，也不會有人像你這麼了解我。我愛你，我的手足。

給我的女兒，我的心肝寶貝——你是我活下去的動力，也是我做每件事的理由。當你還小時，你曾經告訴我，你覺得上帝有一個小抽屜很多的櫃子，他從這些抽屜裡把每個孩子找出來，接著找到他認為合適的父母親，再把他們放在一起。他就是這樣為我挑選你的。對此，我再同意不過。我們註定屬於彼此。我是如此以你為傲，同時也因為身為你的母親而感到自豪。沒有任何言語可以表達我對你的愛。我愛你。

給我的其他家人和好友們——我始終相信，那些我們深愛的人和深愛著我們的人造就了我們；我何其幸運，身旁有支持我的家人和最棒的朋友。謝謝你們愛我，並且接納我所有的缺點和怪癖；謝謝你們支持我，甚至在我不討人喜歡時，依然愛著我。

最後，給在德州刑事司法部工作的男人和女人們——為了維護公共安全，你們做著吃力不討好的工作。謝謝你們辛苦地工作與犧牲，保護著廣大的德州人民。你們低薪、高工時，不能和家人一起過節；你們冒著生命危險保護我們的安全。謝謝你們的付出。

・綠蠹魚 YLP33

死囚的最後時刻

我在美國最惡名昭彰的監獄擔任死刑見證人的那段日子

・作　　者　蜜雪兒・萊昂斯（Michelle Lyons）
・譯　　者　実瑠茜
・封面設計　萬勝安
・內頁排版　A.J.
・校　　對　陳琡分
・行銷企畫　沈嘉悅
・副總編輯　鄭雪如

・發 行 人　王榮文
・出版發行　遠流出版事業股份有限公司
100 臺北市南昌路二段 81 號 6 樓
電話 (02)2392-6899
傳真 (02)2392-6658
郵撥 0189456-1

著作權顧問　蕭雄淋律師

2019 年 7 月 1 日 初版一刷
售價新台幣 380 元（如有缺頁或破損，請寄回更換）

ISBN 978-957-32-8580-9

遠流博識網 www.ylib.com　E-mail: ylib@ylib.com
遠流粉絲團 www.facebook.com/ylibfans

國家圖書館出版品預行編目（CIP）資料

死囚的最後時刻：我在美國最惡名昭彰的監獄擔任死刑見證人的那段日子 / 蜜雪兒 . 萊昂斯 (Michelle Lyons) 著；実瑠茜譯 . -- 初版 . -- 臺北市：遠流，2019.07
328 面；14.8×21 公分 . --（綠蠹魚；YLP33）
譯自：Death row : the final minutes:
my life as an execution witness in America's most infamous prison
ISBN 978-957-32-8580-9(平裝)
1. 萊昂斯 (Lyons, Michelle.) 2. 回憶錄 3. 司法人員
785.28
108008644